BEI GRIN MACHT SI(
WISSEN BEZAHLT

- Wir veröffentlichen Ihre Hausarbeit, Bachelor- und Masterarbeit

- Ihr eigenes eBook und Buch - weltweit in allen wichtigen Shops

- Verdienen Sie an jedem Verkauf

Jetzt bei www.GRIN.com hochladen und kostenlos publizieren

Alexandra Flügel

Möglichkeiten und Problembereiche der Mitarbeitermotivation im öffentlichen Dienst

GRIN Verlag

Bibliografische Information der Deutschen Nationalbibliothek:

Die Deutsche Bibliothek verzeichnet diese Publikation in der Deutschen National-
bibliografie; detaillierte bibliografische Daten sind im Internet über http://dnb.d-
nb.de/ abrufbar.

Impressum:

Copyright © 2012 GRIN Verlag GmbH
Druck und Bindung: Books on Demand GmbH, Norderstedt Germany
ISBN: 978-3-656-25990-9

Dieses Buch bei GRIN:

http://www.grin.com/de/e-book/198851/moeglichkeiten-und-problembereiche-der-
mitarbeitermotivation-im-oeffentlichen

GRIN - Your knowledge has value

Der GRIN Verlag publiziert seit 1998 wissenschaftliche Arbeiten von Studenten, Hochschullehrern und anderen Akademikern als eBook und gedrucktes Buch. Die Verlagswebsite www.grin.com ist die ideale Plattform zur Veröffentlichung von Hausarbeiten, Abschlussarbeiten, wissenschaftlichen Aufsätzen, Dissertationen und Fachbüchern.

Besuchen Sie uns im Internet:

http://www.grin.com/

http://www.facebook.com/grincom

http://www.twitter.com/grin_com

Möglichkeiten und Problembereiche der Mitarbeitermotivation im öffentlichen Dienst

Abschlussarbeit

an der

Leibniz-Akademie Hannover

im Rahmen des Studiengangs zur

Betriebswirtin (VWA)

vorgelegt von

Alexandra Flügel

aus

Hannover

Abgabe: 16.04.2012

Inhaltsverzeichnis

1 Einführung

1.1 Herauskristallisierung und Stellenwert der Themenstellung

„Je mehr Vergnügen du an deiner Arbeit hast,

umso besser wird sie bezahlt."

(Mark Twain)

Motivation ist nicht die Ursache dafür, dass wir uns verhalten, sondern sie bestimmt wesentlich Richtung, Dauer und Intensivität unseres Verhaltens mit.[1]

Arbeitgeber beginnen zu erkennen, dass für jedes Unternehmen dauerhafte Motivation und Leistungsbereitschaft ihrer Mitarbeiter entscheidende Faktoren für den Erfolg des Unternehmens darstellen.[2] Diese Einsicht gilt sowohl für Unternehmen der Privatwirtschaft als auch für Verwaltungen des öffentlichen Sektors.

Die Aufspaltung von Entscheidungs- und Zielbildungsaufgaben und damit verbundene Sachverhalte wie Delegation von Entscheidungsaufgaben sowie Partizipation an Entscheidungsprozessen, stehen im Mittelpunkt aktueller Führungsdiskussionen im öffentlichen Dienst.[3] Für die Einführung neuer Steuerungsmodelle in die öffentlichen Verwaltungen konnten inzwischen sowohl Techniken der allgemeinen Managementlehre genutzt werden, als auch die Einführung des neuen Tarifvertrags für den öffentlichen Dienst am 01. Oktober 2005. Dieser gilt als Modernisierungsansatz, der neue leistungsbezogene Komponenten enthält.[4]

Es stellt sich die Frage, ob und in welcher Form eine leistungsbezogene Bezahlung dazu beitragen kann, Mitarbeiterbedürfnisse zu befriedigen, den Modernisierungsprozess in den öffentlichen Verwaltungen zu unterstützen und die Dienstleistungen und die Personalsteuerung zu verbessern.[5] Die Optimierung der Leistungs-

---

[1] Vgl. Comelli, G. / Rosenstiel, L. v. (2009), S. 27.
[2] Vgl. Linneweh, K. / Hofmann, L. M. (2009), S. 78.
[3] Vgl. Steinle, C. (1991), S. 804.
[4] Vgl. Hopp, H. / Göbel, A. (2008), S. 310.
[5] Vgl. Tondorf, K. (1997), S. 20.

bedingungen kann jedoch nur unter bestimmten Voraussetzungen gelingen, die es zu untersuchen gilt.[6]

1.2 Problemstellung, Zielsetzung und Aufbau der Arbeit

Die vorliegende Arbeit beschäftigt sich mit der Problemstellung der differenzierten Motivations- und Anreizwirkungen insbesondere im Kontext der öffentlichen Verwaltungen. Die Problematik des Leistungsaspekts im öffentlichen Dienst soll aufgezeigt und diskutiert werden.

Zielsetzungen dieser Arbeit sind sowohl die Darstellung der Problembereiche, die sich aus dem System des öffentlichen Dienstes im Bezug zur leistungsorientierten Bezahlung ergeben, als auch die Möglichkeiten aufzuzeigen, dem entgegenzuwirken.

Zunächst wird in der Arbeit auf den themenbezogenen Bezugsrahmen eingegangen und die motivationstheoretischen Grundlagen, die Grundlagen der Anreizsysteme und des öffentlichen Dienstes erklärt.

Es folgt die Darstellung des Zusammenspiels von Anreiz, Motivation und Arbeitszufriedenheit im öffentlichen Dienst, sowie die Möglichkeiten der Ausgestaltung von Anreizsystemen zur Mitarbeitermotivation, mit den Schwerpunkten der materiellen und immateriellen Motivationsinstrumente und Anreizsysteme.

Fortlaufend werden die Problemfelder und Grenzen der Mitarbeitermotivation anhand des kritischen Aspekts der Leistung und die Bedeutung von Führungsqualitäten in Bezug zur Leistungsmotivation diskutiert.

Abschließend sollen die Möglichkeiten und Empfehlungen zur Optimierung der Mitarbeitermotivation hinsichtlich der Beschäftigten im öffentlichen Dienst aufgezeigt werden.

---

[6] Vgl. Tondorf, K. (2007b), S. 13.

2 Themenbezogener Bezugsrahmen: Mitarbeitermotivation

2.1 Motivationstheoretische Grundlagen

2.1.1 Definition Motiv und Motivation

„Die Motivationspsychologie versucht die Richtung, Persistenz und Intensität von zielgerichtetem Verhalten zu erklären."[7] Motive sind Beweggründe des Handelns mit dem Ziel der Bedürfnisbefriedigung.[8] Es besteht in zweifacher Weise ein Einfluss der Umwelt auf die Motive; Motive können zum einen – insbesondere in der Kindheit – in der Umwelt neu erlernt werden und zum anderen können bereits vorhandene Motive durch die Umwelt aktiviert und dadurch in ihrer Wirkung vertieft werden.[9] Die Bedeutung der Motive des Individuums ist Spiegelbild gesellschaftlicher Werte. Ändern sich im Zuge des Wertewandels die Prioritäten, muss davon ausgegangen werden, dass es eine Neuorientierung hinsichtlich der Ziele gibt.[10] Motive schwanken zwischen Mangelzustand und Sättigung periodisch hin und her und werden dabei in der Regel nur dann bewusst wahrgenommen, wenn der Mangelzustand eine bestimmte Intensität erreicht hat. Bei motiviertem Verhalten wird zunächst dieser Mangel erfahren und die Erwartungshaltung wird eingenommen, den Mangel durch ein spezifisches, zielgerichtetes Verhalten zu beseitigen und durch eine Endhandlung schließlich zu befriedigen.[11]

In der Psychologie wird zwischen extrinsischen und intrinsischen Motiven unterschieden; die extrinsischen Motive können durch Folgen oder Begleiterscheinungen der Arbeit befriedigt werden, intrinsische Motive durch die Arbeit selbst.[12]

Unter Motivation wird allgemein die Summe der Beweggründe bzw. der Handlungsantriebe verstanden, die das Verhalten, Denken und Handeln eines Menschen bestimmen.[13] Motivation kann als aktivierte Verhaltensbereitschaft eines Individuums im Hinblick auf die Erreichung bestimmter Ziele gesehen werden.[14]

---

[7] Heckhausen, J. / Heckhausen, H. (2010), S. 3.
[8] Vgl. Schlag, B. (2009), S. 11.
[9] Vgl. Rosenstiel, L. v. (2010), S. 33.
[10] Vgl. Rosenstiel, L. v. (2010), S. 99.
[11] Vgl. Rosenstiel, L. v. (2009a), S. 159ff.
[12] Vgl. Klages, H. (1989), S. 61.
[13] Vgl. Laufer, H. (2007), S. 130.
[14] Vgl. Lindert, K. (2001), S. 58; Hentze, J. / Graf, A. (2005), S. 13.

Die Mitarbeitermotivation gilt in der modernen Wissenschaft als das wichtigste Kapital von Unternehmen, da ohne Motivation keine Leistung und Zufriedenheit von den Mitarbeitern zu erwarten ist.[15]

2.1.2 Motivationstheorien

2.1.2.1 Bedürfnispyramide von Maslow

Die Bedürfnistheorie des amerikanischen Psychologen Abraham Maslow hat insbesondere in der Managementliteratur starkes Interesse gefunden.[16] Der Grundgedanke von Maslow ist, dass Menschen nicht nur von Bedürfnissen getrieben, sondern ebenfalls von allgemeinen Bedürfnisfolgen angezogen werden.[17] Die menschlichen Grundbedürfnisse sind die Basis seines hierarchischen Modells der Motivation und müssen zunächst befriedigt sein, bevor höhere Motive verhaltensbestimmend werden können.[18] Maslow unterscheidet hierbei folgende fünf hierarchisch geordnete Motivarten (Vgl. Abb. A1 im Anhang, S. 57.):

1. Physiologische Bedürfnisse: gemeint sind hier die Grundbedürfnisse des Menschen.
2. Sicherheitsbedürfnisse: Bedürfnisse des Menschen nach grundsätzlich geordneten Existenzmöglichkeiten, die frei von Belastungen der Existenzangst sind.
3. Soziale Bedürfnisse: die Anerkennung innerhalb einer Gruppe zu haben und durch andere Gruppenmitglieder Akzeptanz zu erfahren.
4. Bedürfnisse nach Wertschätzung: das Ich-Bedürfnis nach Selbstachtung und nach Anerkennung durch andere.
5. Bedürfnis nach Selbstverwirklichung: sie erweisen sich im Bedürfnis nach Selbsterfüllung und darin, die eigenen Möglichkeiten im Rahmen der Tätigkeiten zu verwirklichen.[19]

Demnach bleiben Bedürfnisse auf den „niedrigeren" Stufen vorherrschend, solange sie nicht befriedigt sind. Erfahren diese Bedürfnisse Befriedigung, so binden Bedürfnisse der nächst „höheren" Ebene die Aufmerksamkeit des Individuums. Physiologische Bedürfnisse und auch die Bedürfnisse nach Sicherheit, Liebe und Bindung,

---

[15] Vgl. Kuhl, J. / Scheffer, D. / Mikoleit, B. / Strahlau, A. (2010), S. 9.
[16] Vgl. Wächter, H. (1991), S. 203.
[17] Vgl. Scheffer, D. / Heckhausen, H. (2010), S. 59.
[18] Vgl. Rosenstiel, L. v. (1975), S. 113.
[19] Vgl. Rosenstiel, L. v. (1975), S. 140.

nach Wertschätzung und Selbstachtung bezeichnet Maslow als sogenannte Defizit-
motive; je größer das Defizit dieses Motivs wird und je tiefer das Motiv in der Hierar-
chie angesiedelt ist, desto stärker treibt es den Menschen zum Handeln an, auf Befriedigung dieses einen Bedürfnisses.[20] Auch wenn die Motivationstheorie von Maslow wissenschaftlich mittlerweile als unhaltbar erachtet wird, findet sie dennoch als
Schlüssel zur Mitarbeitermotivierung Beachtung, da sie plausibel erscheint und der
Hierarchiepyramide von Unternehmen sehr ähnelt.[21] Sie liefert gegebenenfalls mög-
liche Ansatzpunkte, wie das Arbeitsverhalten und die Arbeitsleistung von Mitarbeitern
beeinflusst werden können, indem die Arbeit und die Arbeitsbedingungen so gestaltet werden, dass eine Erfüllung der dominanten Bedürfnisse gewährleistet wird.[22]

2.1.2.2 Zwei-Faktoren-Theorie von Herzberg

Eine weitere, viel zitierte und umstrittene Motivationstheorie, ist die Zwei-Faktoren-
Theorie von Frederick Herzberg.[23] Entgegen vieler Kritiker, beschreibt Herzberg seine Theorie nicht ausschließlich als eine Theorie der Arbeitsunzufriedenheit, sondern
vielmehr als eine dynamische Theorie, die das Zustandekommen von Zufriedenheit
und Unzufriedenheit erklärt, indem er die Motivationsfaktoren gegenüberstellt, die zu
positiven oder negativen Arbeitseinstellungen führen.[24] Für diese Darstellung unterteilt Herzberg in Motivatoren und Hygienefaktoren. Als wichtigste Motivatoren nennt
der amerikanische Psychologe Leistung, Anerkennung, Entfaltungsmöglichkeiten,
Verantwortung und die Arbeit selbst.[25] Diese Faktoren dienen vor allem der Zufriedenheit und zugleich als Anreiz für eine Motivation zur höheren Leistung.[26] Bei den
wichtigsten Hygienefaktoren werden hingegen das Gehalt, interpersonelle Beziehungen sowohl mit Mitarbeitern als auch Kollegen und Vorgesetzten, der Status, die
technischen Aspekte der Führung oder die Arbeitsplatzsicherung unterschieden.[27]
Diese Faktoren tragen zur Verminderung der Unzufriedenheit bei, schaffen es hingegen nicht, ohne die entsprechenden Rahmenbedingungen Zufriedenheit zu erzeu-

---

[20] Vgl. Schlag, B. (2009), S. 16.
[21] Vgl. Sprenger, R. K. (1992), S. 43.
[22] Vgl. Hentze, J. / Graf, A. (2005), S. 22.
[23] Vgl. Neuberger, O. (1974), S. 119.
[24] Vgl. Neuberger, O. (1974), S. 132.
[25] Vgl. Neuberger, O. (1974), S. 120.
[26] Vgl. Rosenstiel, L. v. (1975), S. 162.
[27] Vgl. Neuberger, O. (1974), S. 120.

gen. Ihr Einfluss auf eine Leistungssteigerung ist gering.[28] Zur Vermeidung einer starken Arbeitsunzufriedenheit ist es zwingend notwendig, dass Hygienefaktoren im üblichen Maße gegeben sind, während Motivatoren, die eine höhere Langzeitwirkung als die Hygienefaktoren haben, als Anreize dienen, um die Zufriedenheit zu erhöhen.[29] Hygienefaktoren bilden also die Rahmenbedingungen des Arbeitsprozesses.[30] Eine dauerhafte Arbeitszufriedenheit wird also nicht durch die äußeren Arbeitsumstände erzeugt, sondern vielmehr durch den Inhalt der Arbeit selbst. Bezogen auf die Arbeitsmotivation wird demnach deutlich: sobald sich die Hygienefaktoren verschlechtern, nimmt die Unzufriedenheit der Mitarbeiter gleichzeitig zu. Tritt hingegen wieder eine Verbesserung ein, wird keine Unzufriedenheit empfunden, jedoch auch keine Zufriedenheit, da Verbesserungen als selbstverständlich wahrgenommen werden.[31] Im Gegensatz zur Bezahlung, dem kooperativen Führungsstil, fortschrittlichen Arbeitsmethoden etc. hält Herzberg primär den Inhalt der Arbeitsaufgaben und die Sinnhaftigkeit der Arbeit im Hinblick auf das Erlebnis der eigenen Leistungstüchtigkeit für die Zufriedenheit außerordentlich wichtig.[32] Herzbergs Untersuchungen haben auch gezeigt, dass die genannten Faktoren nicht immer ausschließlich einer der beiden Motivationsgruppen zugeordnet werden können, da auch Hygienefaktoren unter Umständen motivierend wirken. Hintergrund ist, dass die Faktoren nicht immer isoliert voneinander betrachtet werden können.[33]

2.1.3 Motivationsarten

2.1.3.1 Selbstmotivation

Motivation gibt dem Verhalten Richtung, Intensität und Dauer. Der Mensch kann zu dieser Motivation Stellung nehmen und Einfluss auf sie ausüben. Dies gilt auch bezogen auf den Leistungsansporn und den damit verbundenen Weg zu den beruflichen Zielen.[34] Die Chance auf eine dauerhafte Motivation aus dem „Ich" heraus ist möglich, wenn sich im Bewusstsein der Beschäftigten ein beständiges inneres Bedürfnis nach Leistung entwickelt. Durch Hobbys oder ehrenamtliche Tätigkeiten in Vereinen sind die Bedingungen dafür erfüllt; durch die Aktivitäten für eigene oder

[28] Vgl. Rosentstiel, L. v. (1975), S. 162.
[29] Vgl. Hentze, J. / Graf, A. (2005), S. 26.
[30] Vgl. Laufer, H. (2007), S. 124.
[31] Vgl. Hentze, J. / Graf, A. (2005), S. 25.
[32] Vgl. Neuberger, O. (1974), S. 125.
[33] Vgl. Hentze, J. / Graf, A. (2005), S. 26.
[34] Vgl. Comelli, G. / Rosenstiel, L. v. (2009), S. 48.

Gemeinschaftsziele werden Glücksgefühle herbeigeführt, da die Fremdbestimmung in den Tätigkeitszielen ausbleibt.[35] „Weniger Fremdbestimmung erhöht die Motivation zu größeren Leistungen."[36] Für die persönliche Selbstverwirklichung ist dadurch ein erheblicher Spielraum vorhanden, wodurch den Aktivitäten eine größere dauerhafte Schubkraft, also eine stärkere Motivation, verliehen wird.[37] Die Motivation hängt von den auslesenden Bedingungen sowie von den Konsequenzen des motivierenden Verhaltens ab. Für den Aufbau eigener leistungsbezogener Motivation ist es notwendig, dass der Mensch sein Verhalten folgerichtig, detailliert und kritisch analysiert und dabei darauf achtet, unter welchen äußeren Einflüssen dies geschieht und welche Konsequenz dem Verhalten folgt. Dadurch kann ein Einblick gewonnen werden, welche Vorstufen dem Verhalten vorausgegangen sind. Eine gezielte und entsprechend bewusste Steuerung dieser Vorstufen kann also den Weg zur Motivation lenken.[38] Konsequenz und Selbstbelohnung durch Freude nach dem Erfolg sind die Erfolgswege, die Motivation aus dem „Ich" heraus aufzubauen.[39]

2.1.3.2 Fremdmotivation: Auswirkungen der Führung auf die Motivation

Motivation ist ein Schlüsselwort, buchstäblich ein Synonym für Führung. Das beweist die Verantwortung vieler Führungskräfte für die tägliche Motivation ihrer Mitarbeiter in Unternehmen.[40] Mitarbeiter zu motivieren, Leistungsbereitschaft sowie Arbeitszufriedenheit und Qualitätsbewusstsein zu fördern, sind wichtige Aufgaben aller betrieblichen Vorgesetzten.[41] „Motivieren können gehört damit zweifellos zu den vorrangigen Management-Fähigkeiten"[42] und ein jeder Vorgesetzter sollte sich fragen: „wie kann ich einen Mitarbeiter dazu bringen, etwas zu tun, was er allein aus sich heraus nicht tun will".[43] Ein Vorgesetzter, der sich für die Tätigkeit seines Mitarbeiters interessiert, ihn mit Anerkennung und Kritik begleitet, wird vom Mitarbeiter dementsprechend hohe Engagement-Bereitschaft erzielen können.[44] Der Kontaktbezug zwischen Vorgesetzten und Mitarbeiter, der durch die genannte Anerkennung und Kritik gegeben

---

[35] Vgl. Heinrichsohn, E. (1998), S. 33.
[36] Heinrichsohn, E. (1998), S. 69.
[37] Vgl. Heinrichsohn, E. (1998), S. 34.
[38] Vgl. Comelli, G. / Rosenstiel, L. v. (2009), S. 53.
[39] Vgl. Comelli, G. / Rosenstiel, L. v. (2009), S. 57.
[40] Vgl. Sprenger, R. K. (1992), S. 16.
[41] Vgl. Zink, K. J. / Ritter, A. / Machauer-Bundschuh, S. (1993), S. 3.
[42] Sprenger, R. K. (1992), S. 16.
[43] Sprenger, R. K. (1992), S. 50.
[44] Vgl. Rosenstiel, L. v. (2009b), S. 230.

wird, hat erhebliche motivationale Bedeutung, denn die Anerkennung, die für Bemühungen, Leistung, Solidarität etc. gezeigt wird, verleiht dem Mitarbeiter das Gefühl, in seinem Verhalten beachtet zu werden.[45]

Ein Vorgesetzter motiviert seine unterstellten Mitarbeiter mit dem Ziel, eine Steigerung der Leistungsbereitschaft zu erzeugen, um auf diese Weise höhere Leistung zu erzielen. Die Zufriedenheit bei der Arbeit sollte ein weiteres zentrales Ziel jedes Vorgesetzten sein.[46]

Qualifizierte und selbstbewusste Mitarbeiter lassen sich langfristig nicht durch Druck, ausgeübt durch den Vorgesetzten, motivieren. Vielmehr spielt die Überzeugungskraft und seine Vorbildfunktion eine entscheidende Rolle. Durch das Mitwirken, den Einbezug in Entscheidungsprozesse und Veränderungsmaßnahmen, kann der Vorgesetzte die gewünschte motivationale Wirkung erreichen.[47] Desweiteren weist der Vorgesetzte der Zukunft nicht mehr an, sondern ist eine Persönlichkeit, die die Mitarbeiter durch kommunikative Kompetenz zu motivieren und begeistern versucht.[48] Dabei gibt es kein allgemeingültiges Rezept. Allgegenwärtige Unterschiede zwischen Menschen führen dazu, dass die individuellen Besonderheiten jedes Einzelnen zu berücksichtigen sind, wenn ein bestimmtes Motivations-Programm durch Vorgesetzte implementiert werden soll.[49]

2.2 Anreizsysteme zur Mitarbeitermotivation

2.2.1 Definition Anreize

Ein Grundprinzip der Motivationspsychologie besagt, dass ein Motiv zunächst durch einen zu ihm passenden Anreiz angeregt werden muss, bevor es auf das Verhalten einwirken kann. Ein Situationsmerkmal wird dabei als Anreiz definiert, das aufgrund vorhergegangener Lernerfahrung mit der Möglichkeit assoziiert wird, ein Motiv zu befriedigen und als Folge belohnend wirkenden Gefühlszustand zu erfahren.[50] Anreize sind Bestandteile der wahrgenommenen Situation, die die Motive anregen und motiviertes Verhalten auslösen. Die Auswahl der richtigen Anreize fördert die Leis-

---

[45] Vgl. Rosenstiel, L. v. (1975), S. 289.
[46] Vgl. Comelli, G. / Rosenstiel, L. v. (2009), S. 34.
[47] Vgl. Regnet, E. (2009), S. 43.
[48] Vgl. Regnet, E. (2009), S. 47.
[49] Vgl. Scheffer, D. / Kuhl, J. (2006), S. 42.
[50] Vgl. Brunstein, J. C. (2010), S. 243.

tung des Individuums.[51] Anreize müssen also wahrgenommen werden und einen spezifischen persönlichen Wert aufweisen. Gewährte Anreize müssen geeignet sein, wichtige individuelle Bedürfnisse und Motivziele des Menschen, wie z. B. Sicherheit oder finanzielle Ziele zu erfüllen oder zumindest eine Annäherung an diese Ziele zu bewirken.[52] Als Anreize werden alle von den Unternehmen ausgehenden monetären und nichtmonetären Leistungen angesehen. Ausschlaggebend dafür, ob und wie Anreize vom Individuum angenommen werden, ist abhängig von seiner Motivstruktur, denn es werden nur solche Anreize wahrgenommen und in Entscheidungen mit einbezogen, die die Befriedigung vorhandener Bedürfnisse ermöglichen.[53]

Anreizinstrumente beinhalten die konkreten Maßnahmen, die die Verhaltensbeeinflussung bewirken soll, wobei mit der Einschätzung der Anreizwirkung die Frage im Mittelpunkt steht, inwiefern sich bestimmte Anreize auf spezifische Leistungsbeiträge auswirken.[54] Anreize sind Effektgrößen, die sich auf Attribute von Situationen beziehen. Anreize sollen Unternehmensziele unterstützen, Entscheidungen beeinflussen und leistungsbezogen sein.[55]

„Der Anreizwert setzt sich aus dem materiellen und immateriellen Nutzen, dem symbolischen Wert und dem Schwierigkeitsgrad, diesen Anreiz zu realisieren, zusammen."[56]

2.2.2 Anreizarten im Überblick

Anreize werden im Wesentlichen in materielle und immaterielle bzw. monetäre und nichtmonetäre Anreize unterteilt.[57] Bei den monetären Anreizen werden neben den variablen Entgeltbestandteilen auch Erfolgs- und Kapitalbeteiligungen sowie Sozialleistungen, sofern nicht gesetzlich oder tariflich geregelt, mit Zielerreichungen verbunden. Der Umfang einer Beteiligung am Gewinn oder Rechte zum Aktienkauf können von der Erreichung individueller oder auch kollektiver Ziele abhängen.[58] Löhne und betriebliche Sozialleistungen haben Kostencharakter, während Erfolgsbeteili-

[51] Vgl. Rosenstiel, L. v. (2010), S. 275.
[52] Vgl. Hentze, J. / Graf, A. (2005), S. 71.
[53] Vgl. Hentze, J. / Graf, A. (2005), S. 13.
[54] Vgl. Kriegesmann, B. (1993), S. 65.
[55] Vgl. Hentze, J. / Graf, A. (2005), S. 66.
[56] Hentze, J. / Graf, A. (2005), S. 74.
[57] Vgl. Reichard, C. (1979), S. 119.
[58] Vgl. Bardens, R. E. (2000), S. 19.

gungen Gewinnverwendungscharakter aufweisen.[59] Unter nichtmonetären Anreizen werden unter anderem soziale Anreize verstanden. Das Kontaktverhalten zwischen Mitarbeitern und Vorgesetzten ist dabei ebenso ein wichtiger Aspekt,[60] wie die Zugehörigkeit zu einer Arbeitsgruppe.[61] Den Mitarbeitern mehr Selbstständigkeit und Mitsprachemöglichkeiten einzuräumen, ihren Neigungen entgegenkommen und ihnen Ziele und Erfolgserlebnisse zu vermitteln, ergänzen die immateriellen Anreize.[62] Bei der Erläuterung der Anreizarten sind ebenfalls die Gruppenanreize zu erwähnen. Gruppenanreize sprechen insbesondere die Förderung des Teamgeistes und der Identifikation mit dem Unternehmen an, sie sind so gestaltet, dass jedes Gruppen-, Team- oder Projektmitglied bei Zielerreichung den gleichen Anreiz, beispielsweise in Form einer Prämie erhält.[63] Im öffentlichen Dienst gelten die individuellen und kollektiven Geldprämien für herausragende Leistungen als einer der wichtigsten Leistungsanreize. Hinzu kommen die vorübergehende oder dauerhafte Erhöhung der Entlohnung in Form von Leistungsprämien, sowie Beförderungen, Belobigungen und Gewährung von Qualifizierungsmaßnahmen.[64]

2.2.3 Ziel und Funktion von Anreizsystemen

„Kern eines Anreizsystems ist die kausale Vermutung, dass Potentiale zu Handlungen und Handlungen zu Ergebnissen führen, die den Unternehmenserfolg und Unternehmenswert begründen."[65] Die Gesamtheit aller bewusst gestalteten Arbeitsbedingungen zur Beeinflussung bestimmter Verhaltensweisen definieren Anreizsysteme.[66] Anreize sollen das Leistungsverhalten und die Leistungsbereitschaft der Mitarbeiter positiv beeinflussen. Dies sollte die Zielsetzung eines jeden Unternehmens sein, sofern sie nicht darauf beschränkt sind, Leistungsverhalten zu erzwingen.[67] Anreizsysteme dienen also im Management dazu, Aktivitäten und Einsatz von Mitarbeitern in Unternehmen auf die Erreichung von Unternehmenszielen zu lenken.[68] Anreizsysteme sollen wirksam und effizient sein. Effizient sind sie dann, wenn die er-

[59] Vgl. Hentze, J. / Graf, A. (2005), S. 91.
[60] Vgl. Rosenstiel, L. v. (1975), S. 231.
[61] Vgl. Hentze, J. / Graf, A. (2005), S. 252.
[62] Vgl. Laufer, H. (2007), S.118.
[63] Vgl. Bardens, R. E. (2000), S. 19.
[64] Vgl. Brede, H. (2001), S. 163.
[65] Hentze, J. / Graf, A. (2005), S. 69.
[66] Vgl. Langemeyer, H. (1999), S. 19.
[67] Vgl. Schanz, G. (1991), S. 8.
[68] Vgl. Kumar, B. N. (1991), S. 133.

wünschten Effekte mindestens die durch den Mitteleinsatz verursachten negativen Effekte kompensiert haben. Werden die erwarteten Effekte oder Kriterien wie z. B. Zielerreichungsgrad oder Zielannäherung erfüllt, so hat das Anreizsystem seine Wirkung erzielt.[69] Unternehmensorientierte variable Entgeltsysteme können dabei Anreize schaffen, um das tägliche Handeln der beteiligten Mitarbeiter zu Werttreibern werden zu lassen.[70] Wichtig zu erwähnen ist, dass Unternehmen auf bestimmte Anreize besonderen Einfluss haben, während andere nur bedingt oder gar nicht geplant werden können, da sie außerhalb des betrieblichen Entscheidungsfeldes und damit im privaten Bereich liegen.[71]

2.2.4 Anforderungen an Anreizsysteme

Anreizsysteme bestehen formal aus einer Menge zu definierender Objekte, die zueinander in Beziehung stehen. Diese Objekte sind abgrenzbare Eigenschaften und Elemente wie z. B. Potentiale, Motive, Aufgaben, Ergebnisse und Anreize. Anreize sowie deren Beziehungen zu Handlungen der Aufgabenträger und Ergebnisse werden in einem sogenannten Anreizsystem abgebildet.[72]

Wenn Unternehmen die Motivation ihrer Mitarbeiter zielbezogen beeinflussen möchten, so sollten sie zunächst in einer diagnostischen Absicht die Frage zu beantworten suchen: Was ist für den Mitarbeiter wesentlich, was strebt er an, wo möchte er in fünf Jahren beruflich stehen? Die Motive des Menschen zu diagnostizieren ist kompliziert, da sie oftmals nicht auf den ersten Blick zu erkennen sind. Die Motive sind also nicht immer unmittelbar zu sehen, sondern müssen zunächst erschlossen werden.[73] Es muss sich die Mühe gemacht werden zu erkunden, was einem bestimmten Mitarbeiter wichtig ist, um dann entsprechend einen möglichst effizient auf die Bedürfnislage der Person zugeschnittenen Anreiz gestalten zu können.[74] Mitarbeiter müssen demnach in der Lage sein, den Wunsch nach guten Arbeitsergebnissen in sich zu tragen und letztendlich in die Tat umzusetzen.[75] Die Konzeption wirkungsvoller Anreizsysteme stellt jedoch hohe Anforderungen an das interdisziplinäre Vorgehen.[76] Schließ-

[69] Vgl. Hentze, J. / Graf, A. (2005), S. 70.
[70] Vgl. Lindert, K. (2001), S. 3.
[71] Vgl. Hentze, J. / Graf, A. (2005), S. 68.
[72] Vgl. Hentze, J. / Graf, A. (2005), S. 69.
[73] Vgl. Comelli, G. / Rosenstiel, L. v. (2009), S. 21.
[74] Vgl. Comelli, G. / Rosenstiel, L. v. (2009), S. 10.
[75] Vgl. Klages, H. / Hippler, G. (1991), S. 9.
[76] Vgl. Langer, A. (2007), S. 45.

lich ist es die Aufgabe der Führung, insbesondere für das Motivationsmanagement, durch Anreizgestaltung die extrinsische und intrinsische Motivation zugleich bei Mitarbeitern anzuregen, dies kann durch leistungsgerechte Bezahlung aber auch durch Freude an der Arbeit geschehen.[77]

2.3 Grundlagen zum öffentlichen Dienst

2.3.1 Abgrenzung öffentlicher Dienst

Der öffentliche Dienst hat nach dem Auftrag des Grundgesetzes an der Verwirklichung der von der Verfassung gesetzten Ziele an vorrangiger Stelle mitzuwirken. Für die demokratische Stabilität und Rechtsstaatlichkeit trägt er entscheidende Mitverantwortung, ebenso wie für die Erhaltung der Freiheit jedes einzelnen.[78] Die Funktion der öffentlichen Verwaltung liegt demnach in erster Linie in der Durch- bzw. Umsetzung jener kollektiv verbindlichen Entscheidungen, die im Rahmen der gesetzgebenden Gewalt formuliert worden sind.[79] Er ist dem Vollzug des demokratisch gebildeten Staatswillens verpflichtet.[80] Die Kommunalverwaltung ist dabei in vielen Fällen auf dieser Ebene für die Sicherung der damit verbundenen Aufgaben verantwortlich.[81] Der Qualitätsbegriff wird im öffentlichen Dienst vornehmlich mit Recht- und Ordnungsmäßigkeit verbunden.[82] Die Verfolgung gemeinwohlorientierter Ziele steht dabei im Vordergrund.[83] In der öffentlichen Verwaltung wird also nicht für einen Behördenleiter oder einen Arbeitgeber gearbeitet, sondern im Wesentlichen für die allgemeinen Interessen im Rahmen der gesetzlichen Aufgaben und Zuständigkeiten. Folglich sind es Gemeinschaftsziele, die mit den Tätigkeiten aller dem öffentlichen Dienst angehörenden Beschäftigten erreicht werden sollen.[84] Einen gemeinsamen Maßstab zu finden, der es ermöglichen würde, die Effizienz von privatwirtschaftlichen Unternehmen und Bereiche des öffentlichen Dienstes zu ermitteln, ist nicht möglich, da öffentliche Dienstleistungen vielmehr nach der Erfüllung der gesellschaftlichen Anforderungen bewertet werden.[85] Der öffentliche Dienst ist damit in eine für den

---

[77] Vgl. Comelli, G. / Rosenstiel, L. v. (2009), S. 11.
[78] Vgl. Becker, W. (1984), S. 13.
[79] Vgl. Hopp, H. / Göbel, A. (2008), S. 4.
[80] Vgl. Becker, W. (1984), S. 13.
[81] Vgl. Hopp, H. / Göbel, A. (2008), S. 4.
[82] Vgl. Hopp, H. / Göbel, A. (2008), S. 86.
[83] Vgl. Brede, H. (1991), S. 1132.
[84] Vgl. Heinrichsohn, E. (1998), S. 34.
[85] Vgl. Touppen, H. (1979), S. 42.

Bestand und die Zukunft von Staat und Gesellschaft unentbehrliche Schlüsselfunkti-
on hineingewachsen. Beamte, Angestellte, Richter und viele weitere Beschäftigte im
öffentlichen Sektor gewährleisten äußere Sicherheit, eine funktionierende Infrastruk-
tur zur Abwicklung von Wirtschaftsvorgängen, decken den gesamten Bildungsbe-
reich ab und befriedigen in allen Bereichen der Daseinsvorsorge elementare Le-
bensbedürfnisse.[86]

2.3.2 Tarifrechtliche Rahmenbedingungen

Die Aufgabenbewältigung des öffentlichen Dienstes ist fast ausschließlich rechtlich
geprägt.[87] Im Bereich der Angestellten und Arbeiter ist am 01. Oktober 2005 der
neue Tarifvertrag für den öffentlichen Dienst (TVöD) in Kraft getreten, der insbesondere die Regelungen für die Bezahlung nach individueller Leistung und Berufserfahrung, variable Leistungszulagen und den Wegfall leistungsunabhängiger Bewäh-
rungs- und Zeitaufstiege als Neuerung zu dem abgelösten Bundesangestelltentarif-
vertrag (BAT) hervorbringt.[88] Mit diesem neuen Tarifvertrag wurde eine grundlegende
Änderung der Rahmenbedingungen eingeleitet, der sich weg vom ehegatten- und
familienbezogenen Entgeltbestandteilen sowie Bewährungs-, Fallgruppen- und Zeit-
aufstiegen, hin zu einem Tabellenentgelt nach Berufserfahrung und individueller
Leistung entwickelt hat.[89] Mit der Einführung des TVöD wurden also erstmals flächendeckend die tariflichen Voraussetzungen für die Einführung von Leistungsentgelt im öffentlichen Dienst geschaffen.[90] Der TVöD gilt zunächst für die Arbeitnehmer
des Bundes und der Arbeitgeber, die Mitglied eines Mitgliederverbandes der Vereinigung der kommunalen Arbeitgeberverbände sind. Der TVöD gilt hingegen nicht im
Bereich der Länder. Für die Länder gilt seit dem 01. November 2006 der Tarifvertrag
für den öffentlichen Dienst der Länder (TV-L).[91]

2.3.3 Beschäftigte im öffentlichen Dienst

Zu den Arbeitnehmern im öffentlichen Dienst zählen diejenigen Angestellten und Arbeiter, die bei einer juristischen Person des öffentlichen Rechts tätig sind. Dazu ge-

---

[86] Vgl. Becker, W. (1984), S. 11.
[87] Vgl. Hopp, H. / Göbel, A. (2008), S. 10.
[88] Vgl. Hopp, H. / Göbel, A. (2008), S. 11.
[89] Vgl. Overbeck, H. (2007), S. 93.
[90] Vgl. Trittel, N. / Schmidt, W. / Müller, A. /Meyer, T. (2010), S. 11.
[91] Vgl. Effertz, J. (2011), S. 67.

hören unter anderem Bund, Länder und Kommunen, aber auch privatrechtlich ver-
fasste Arbeitgeber im Bereich der öffentlichen Hand. Zu den Rechten der Angestellten und Arbeiter gehören neben dem Recht auf das Arbeitsentgelt auch das Recht
auf Schutz und Fürsorge.[92] Zudem genießen langjährige Mitarbeiter einen weitreichenden Kündigungsschutz. Beschäftigte, die das 40. Lebensjahr vollendet haben
und mindestens 15 Jahre bei einem unter dem Geltungsbereich des TVöD fallenden
Arbeitgeber beschäftigt waren, sind aus betrieblichen Gründen unkündbar.[93] Nach
Angaben des Statistischen Bundesamtes und des Bundesministerium des Inneren ist
die Zahl der Beschäftigten im öffentlichen Dienst seit der Wiedervereinigung deutlich
gesunken. Waren es 1991 noch 6,74 Millionen Beschäftigte im öffentlichen Dienst,[94]
so waren es 2010 nur noch 4,67 Millionen.[95]

2.3.4 Vergütungssystem im öffentlichen Dienst

Das Einkommen im öffentlichen Dienst ist völlig transparent, da die Höhe der Gehäl-
ter und der möglichen Zulagen oder Zuschläge der Entgelttabelle entnommen werden können.[96] Der TVöD ist zwar am 01. Oktober 2005 in Kraft getreten, eine neue
Entgeltordnung (Vgl. Abb. A2 im Anhang, S. 58.), die die Vergütungsordnung für Angestellte und das Lohngruppenverzeichnis für Arbeiter ablöst, wurde jedoch bisher
noch nicht verabschiedet. Gleiches gilt für die Eingruppierung.[97] Mit den Entgeltgruppen 1 bis 15 wurde das Gerüst für die Bewertung der im öffentlichen Dienst anfallen-
den Tätigkeiten bereits vorgegeben und die neuen Tätigkeitsmerkmale sind im Rahmen dieser Entgeltgruppen zu vereinbaren.[98] Die Eingruppierung der Beschäftigten
ist also tariflich geregelt. Der Arbeitgeber hat diese Vorschriften lediglich zu vollzie-
hen, d.h. er trifft keine Ermessensentscheidungen und hat kaum Handlungsspiel-
raum. Die Eingruppierung ist demnach kein Gestaltungs- sondern ein Vollzugsakt.[99]
Der § 16 TVöD regelt die Grundsätze der Zuweisung zu den Entgeltstufen bei Einstellung und den späteren Aufstieg in den Stufen.[100] Bei Einstellung werden die Be-

---

[92] Vgl. Becker, W. (1984), S. 28.
[93] Vgl. Becker, W. (1984), S. 139.
[94] Vgl. Bundeszentrale für politische Bildung (2008), http://www.bpb.de/...
[95] Vgl. Bundesministerium des Inneren (2011), http://www.bmi.bund.de/...
[96] Vgl. Becker, W. (1984), S. 75.
[97] Vgl. Effertz, J. (2011), S. 195.
[98] Vgl. Dassau, A. / Wiesend-Rothbrust, E. (2008), S. 226.
[99] Vgl. Tondorf, K. (1997), S. 146.
[100] Vgl. Effertz, J. (2011), S. 207.

schäftigten der Stufe 1 zugeordnet, sofern keine einschlägige Berufserfahrung vorliegt und dadurch eine vorgezogene Stufenzuordnung in Frage käme.[101]

3 Status quo der Ausgestaltung von Anreizsystemen zur Mitarbeitermotivation im öffentlichen Dienst

3.1 Zum Verhältnis von Anreiz, Motivation und Arbeitszufriedenheit im öffentlichen Dienst

Positive Gefühle bei der Arbeit deuten darauf hin, dass die meist von den Unternehmen vorgegebenen Aufgabengebiete und die damit verbundenen Ziele weitgehend mit den Bedürfnissen der Beschäftigten übereinstimmen.[102]

Das Aufgabengebiet des öffentlichen Dienstes nimmt an Komplexität und Schwierigkeit zu[103] und zwangsläufig stellt sich die Frage, wie das Leistungsverhalten der Beschäftigten nachhaltig verbessert werden kann.[104] Das Streben nach Beantwortung dieser Frage, sowie das Problembewusstsein für unzureichende betriebswirtschaftliche Steuerungsinstrumente und für fehlende Leistungsanreize hat in den vergangenen Jahren das Interesse innovativer Handlungen durch die Unternehmensleitungen verstärkt beschäftigt.[105]

Hinzu kommen die Auswirkungen des gesellschaftlichen Wertewandels in weiten Kreisen der Beschäftigten, die durch ein größeres Streben nach Partizipation, Selbstverwirklichung und erweiterten Handlungsspielräumen gezeichnet sind, sowie die angespannte Finanzsituation, die insbesondere den Personalbereich zu Einsparungen zwingt.[106] Seit Beginn der 70er Jahre werden als Berufswunsch zunehmend Tätigkeiten bevorzugt, die außer guten Verdienstmöglichkeiten insbesondere interessante, abwechslungsreiche und verantwortungsvolle Arbeiten implizieren, die die Arbeitszufriedenheit des Individuums fördern.[107]

---

[101] Vgl. Dassau, A. / Wiesend-Rothbrust, E. (2008), S. 259.
[102] Vgl. Comelli, G. / Rosenstiel, L. v. (2009), S. 63.
[103] Vgl. Hippler, G. / Haas, H. / Franz, G. (1989), S. 5.
[104] Vgl. Reichard, C. (1979), S. 119.
[105] Vgl. Röber, M. (1991), S. 1112.
[106] Vgl. Klages, H. / Hippler, G. (1991), S. 7.
[107] Vgl. Hippler, G. / Haas, H. / Franz, G. (1989), S. 9.

In der öffentlichen Verwaltung ist es im Gegensatz zur Privatwirtschaft nach wie vor wesentlich schwieriger, Mitarbeiter zu motivieren. Dies hängt mit der beruflichen Tätigkeit zusammen, da das Arbeitsverhältnis als ein Dienst- und Treueverhältnis angesehen wird.[108] Als Ursachen für die Motivationsdefizite werden außerdem monotone und starre Arbeitsabläufe, geringe Handlungs- und Gestaltungsspielräume, nicht leistungsgerecht empfundene Entlohnung, aber auch unbefriedigende Beförderungsmöglichkeiten im öffentlichen Dienst genannt.[109] Um dennoch sowohl in der Privatwirtschaft als auch im öffentlichen Dienst Arbeitszufriedenheit und Motivbefriedigung bei den Beschäftigten zu erzeugen, muss ein für das Individuum erkennbarer, zeitlich und sachlich enger Zusammenhang zwischen Leistungserbringung und Belohnungsempfang bestehen.[110] Finanzielle Anreize widersprechen jedoch den wichtigsten Rechtsgrundlagen des öffentlichen Dienstes. Insbesondere die Bestimmung, bei der Diensterfüllung eigene Interessen außer Acht zu lassen und die dienstlichen Pflichten streng sachbezogen zu erledigen, bildet zu finanziellen Anreizmöglichkeiten einen kritischen Kontrast.[111] Die Forderung, finanzielle Anreizformen einzuführen, verlangt schließlich von den Beschäftigten, persönliche Interessen zu einem zusätzlichen Kriterium für Umfang, Art und Qualität ihrer dienstlichen Tätigkeiten zu erheben.[112] In der öffentlichen Verwaltung gibt es für materielle Anreize nahezu keine konzeptionelle Basis.[113] Die Einführung eines finanziellen Anreizsystems würde die Forderung von streng sachbezogenem Handeln gezwungenermaßen aufheben.[114] So sei bei der Einführung von finanziellen Anreizsystemen zu überlegen, auf welches Rollen- und Leistungsverhalten hin Beschäftigte konditioniert werden sollen, was in gewisser Weise als Zielgröße von Anreizsystemen zu gelten hätte.[115]

Von hoher Bedeutung sind immaterielle Anreize wie beispielsweise die zuvor genannten erweiterten Handlungsspielräume. Je mehr diese in der Arbeit verankert sind, desto weniger ist mit Resignationserscheinungen bei den Beschäftigten zu rechnen.[116] Die meisten Beschäftigten des öffentlichen Dienstes werden sehr viel weniger durch Bezahlung motiviert, als vielmehr durch abwechslungsreiche Aufga-

---

[108] Vgl. Klages, H. / Hippler, G. (1991), S. 9.
[109] Vgl. Hippler, G. / Haas, H. / Franz, G. (1989), S. 59.
[110] Vgl. Reichard, C. (2003), S. 220.
[111] Vgl. Brede, H. (1991), S. 1143.
[112] Vgl. Brede, H. (1991), S. 1139ff.
[113] Vgl. Röber, M. (1991), S. 1112.
[114] Vgl. Brede, H. (1991), S. 1143.
[115] Vgl. Koch, R. (1991), S. 1169.
[116] Vgl. Klages, H. / Hippler, G. (1991), S. 88.

ben, Möglichkeiten zur persönlichen Weiterbildung oder Karrieremöglichkeiten.[117] Beschäftigte beweisen sich demnach um so karriereorientierter, je verantwortungsvoller ihnen ihre ausgeübte Tätigkeit erscheint und je mehr Aufstiegs- und Einflussmöglichkeiten sie perzipieren. Die dadurch erreichte Hoffnung auf neue weiterführende und anspruchsvollere Aufgaben steuern deutlich zur Steigerung der Motivation bei.[118] Da das Anreizsystem in der öffentlichen Verwaltung aber faktisch keine leistungsorientierten Komponenten aufweist, lädt das System eher zum Überwintern statt zum Engagement ein. Dies hat zur Folge, dass insbesondere leistungsstarke Mitarbeiter nicht adäquat belohnt werden und dementsprechend demotiviert sind.[119]

Es kommt also bei der Gestaltung der Arbeit vor allem darauf an, dass die Beschäftigten überzeugt sind von ihrer Tätigkeit und die vom Unternehmen gewünschten Verhaltensweisen wie Loyalität, Betriebstreue, Leistungsbereitschaft usw. Wege zum Erreichen der gewünschten Ziele sind.[120]

Der öffentliche Dienst kann nicht mehr von der Annahme ausgehen, der Bemühung um die Motivation der Mitarbeiter enthoben zu sein, denn der Zwang der Gewährleistung motivierender Tätigkeitsbedingungen einschließlich angemessener Führungsverhältnisse wirkt sich voll auf die öffentliche Verwaltung aus.[121]

3.2 Instrumente zur Steigerung der Mitarbeitermotivation im öffentlichen Dienst

3.2.1 Materielle Motivationsinstrumente und Anreizsysteme

3.2.1.1 Erfolgs- und leistungsorientierte Vergütung

Leistungsorientierte Entlohnung ist in der öffentlichen Verwaltung ein sich immer stärker etablierendes Entgeltsystem, welches keineswegs als reine Modeerscheinung zu betrachten ist, sondern im Kern auf die Verbesserung von Leistung der Beschäftigten und damit verbunden auch die Verbesserung der wirtschaftlichen Lage anstrebt.[122]

---

[117] Vgl. Hoefert, H.-W. (1979), S. 55.
[118] Vgl. Hippler, G. / Haas, H. / Franz, G. (1989), S. 63.
[119] Vgl. Grawert, A. (1998), S. 114.
[120] Vgl. Comelli, G. / Rosenstiel, L. v. (2009), S. 17.
[121] Vgl. Klages, H. / Hippler, G. / Haas, H. (1991), S. 11.
[122] Vgl. Thöne, B. P. (2007), S. 112.

Die Einführung leistungsorientierter Vergütung im öffentlichen Dienst gilt bei vielen Unternehmen und der Vereinigung der kommunalen Arbeitgeberverbände sowie einigen Arbeitnehmervertretern als ein entscheidender Schlüssel zur Modernisierung des öffentlichen Dienstes und der Stärkung der Effizienz und Effektivität.[123] Die leistungsorientierte Vergütung stellt damit ein modernes und effizientes System dar, Leistung monetär anzuerkennen, Leistungsbereitschaft zu fördern und eine positive Einwirkung auf die Motivation der Beschäftigten im öffentlichen Dienst zu erzeugen.[124]

Die Kombination aus Leistungsbereitschaft, gleichbedeutend mit der Leistungsmotivation, und Fähigkeiten ergibt die Leistung, die im Falle der intrinsischen Motivation unmittelbar und im Falle der extrinsischen Motivation erst über den Umweg ausgeteilter Belohnung zur Zufriedenheit führt.[125] Materielle Anreize und insbesondere erfolgs- und leistungsorientierte Vergütung, sind nicht von alleiniger Bedeutung für die Motivation der Beschäftigten im öffentlichen Dienst, nehmen aber eine überragende Rolle ein.[126] Für Beschäftigte bedeutet die leistungsorientierte Vergütung einen zunehmenden Fokus auf die individuelle Leistungsfähigkeit, die Möglichkeit der Partizipation am Unternehmenserfolg aber auch die Konsequenz eines höheren wirtschaftlichen Risikos.[127] Das richtig bemessene Entgelt ist demnach eine absolut notwendige, aber bei weitem nicht hinreichende Bedingung für die Leistungsbereitschaft der Beschäftigten.[128] Es ist zudem fraglich, ob überdurchschnittlich gut bezahlte Beschäftigte eine Intention zur Leistung zeigen, um ihre Entlohnung zu rechtfertigen. Dies wirft ein anderes Licht auf die Betrachtung, wenn die Leistung, wie etwa bei der individuellen Leistungsentlohnung, Ursache der guten Entlohnung ist.[129]

Eine grundsätzliche Voraussetzung für die erfolgs- und leistungsorientierte Vergütung im öffentlichen Dienst besteht darin, dass für den Beschäftigten das System transparent ist; er also subjektiv unverwechselbar die Beziehung zwischen seiner Leistung und der Entlohnung herstellen kann.[130] Bei der Erfolgsbeteiligung werden die Beschäftigten am Unternehmensergebnis beteiligt. Ihr Entgelt setzt sich aus einem festen Grundgehalt und einem zusätzlichen variablen Bonus zusammen, der

---

[123] Vgl. Trittel, N. / Schmidt, W. / Müller, A. (2010), S. 7.
[124] Vgl. Overbeck, H. (2007), S. 93.
[125] Vgl. Hentze, G. / Graf, A. (2005), S. 50.
[126] Vgl. Dräger, C. (1991), S. 849.
[127] Vgl. Thöne, B. P. (2007), S. 112.
[128] Vgl. Dräger, C. (1991), S. 849.
[129] Vgl. Rosenstiel, L. v. (1975), S. 257.
[130] Vgl. Rosenstiel, L. v. (1975), S. 238.

abhängig von den Erfolgskennzahlen des Unternehmens ist.[131] Dieser Bonus, die Erfolgsbeteiligung, ist ein zwischen dem Unternehmen und den Beschäftigten zusätzliches, freiwilliges und periodenbezogenes Entgelt und begründet sich auf dem Arbeitsverhältnis und einer zusätzlichen Vereinbarung zwischen beiden Parteien.[132] Bei der Festlegung der variablen Entgeltanteile liegt besonderes Augenmerk auf der Ausgestaltung wirksamer Zielbonussysteme, welche für die Honorierung der Erreichung von Ergebnis- und Leistungszielen herangezogen werden.[133] Bei den variablen Entgeltbestandteilen kann es sich um einmalige Leistungsbeiträge, wie z. B. Verbesserungsvorschläge oder das Erreichen betrieblicher Erfolge handeln, ebenso Qualitäts-, Projekt- oder Erfolgszulagen.[134]

Als Methoden zur Leistungsfeststellung werden in § 18 TVöD Abs. 5 die Zielvereinbarungen und die systematische Leistungsbewertung festgeschrieben, außerdem die Regelung, dass das Leistungsentgelt nicht nur das Individuum sondern auch Gruppen betrifft und keiner der Beschäftigten prinzipiell von dieser Art der Vergütung ausgeschlossen werden kann.[135] Entsprechend dem angestrebten Gleichklang von Unternehmens- und Mitarbeiterinteressen honoriert die leistungsorientierte Vergütung im öffentlichen Dienst nicht die bloße Leistungsbemühung, sondern primär erzielte Resultate.[136]

Diese Form der zusätzlichen Vergütung soll zu einer verbesserten Führungskultur in den öffentlichen Verwaltungen beitragen, die nach verbreiteter Überzeugung seit Jahren ein Desiderat darstellt. Das Image, der öffentliche Dienst sei ein „leistungsfeindlicher" Arbeitgeber soll verbannt werden. Die umfassende Tarifreform, wie sie mit der Einführung des TVöD eingeleitet wurde und mit der Vereinbarung neuer Eingruppierungsbestimmungen fortgeführt werden soll, ist mit der Einführung des § 18 TVöD „Leistungsentgelt" auch eine Bestimmung zur Einführung von leistungsorientierter Bezahlung und damit ein weiterer Schritt in die moderne Wirtschaftskultur.[137]

Die individuelle erfolgs- und leistungsorientierte Vergütung im öffentlichen Dienst ist jedoch auch kritisch zu betrachten. Zwar werden in vielen Fällen die Leistungsbereitschaft und die Leistung des Beschäftigten gesteigert, doch die Generalisierbarkeit

[131] Vgl. Hentze, G. / Graf, A. (2005), S. 175.
[132] Vgl. Hentze, G. / Graf, A. (2005), S. 177.
[133] Vgl. Evers, H. (2009), S. 523.
[134] Vgl. Tondorf, K. (1997), S. 56.
[135] Vgl. Trittel, N. / Schmidt, W. / Müller, A. (2010), S. 12.
[136] Vgl. Evers, H. (2009), S. 523.
[137] Vgl. Trittel, N. / Schmidt, W. / Müller, A. (2010), S. 7.

dieses Effektes durch den jeweiligen Arbeitsinhalt, durch Gruppensolidarität oder spezifischen Befürchtungen hinsichtlich zu erwartenden Folgen ist begrenzt. Die Wirkung dieses Vergütungssystems auf die Zufriedenheit muss umso negativer gesehen werden, je undurchschaubarer für den Beschäftigten die Kriterien zur Entgeltbemessung sind und je ungerechter sie erscheinen.[138] Zudem kann sie recht zeitnah und direkt auf die Arbeitsmotivation der Beschäftigten einwirken. Die öffentliche Verwaltung kann mit diesem System zwar das Motivationsgeschehen sicherlich direkter kontrollieren, wenngleich sich gerade die organisatorischen Voraussetzungen solch eines Systems von vornherein negativ auf die angestrebte Verbesserung der Leistungsbereitschaft auswirken können.[139]

Abschließend ist festzustellen, dass diese Form der Leistungsentgelte ein flexibel zu handhabendes Instrument der Leistungssteuerung im öffentlichen Dienst ist, das sowohl zur Leistungsintensivierung und Kostensenkung als auch für eine umfassende Strukturform des öffentlichen Dienstes, für eine Verbesserung der Arbeits- und Dienstleistungsqualität und für eine gerechtere Entlohnung genutzt werden kann.[140]

3.2.1.2 Sozialleistungen

In der betrieblichen Sozialpolitik im öffentlichen Dienst wird zwischen sozialen, ethnischen, ökonomischen und politischen Zielen unterschieden. Bei den ethnischen und sozialen Zielen hat der dahinterstehende Fürsorgegedanke einen besonderen Stellenwert. So bietet ein fürsorglicher Arbeitgeber den Beschäftigten Sozialleistungen an, die der Staat in Form der Sozialpolitik nicht in ausreichendem Umfang gewähren kann.[141]

Unter den betrieblichen Sozialleistungen in der öffentlichen Verwaltung werden demnach alle freiwilligen, betrieblich beeinflussbaren, zusätzlich aber nicht gesetzlich oder tarifvertraglich festgelegten Zuwendungen der Verwaltung verstanden, die jedoch keinesfalls als Entlohnung oder Erfolgsbeteiligung zu verstehen sind.[142]

Die Zuwendungen können entweder unmittelbar als Geld vergütet werden oder mittelbar auf Vorteilen beruhen, die dem Beschäftigten eine Verbesserung oder Siche-

---

[138] Vgl. Rosenstiel, L. v. (1975), S. 242.
[139] Vgl. Koch, R. (1979), S. 205.
[140] Vgl. Tondorf, K. (1997), S. 27.
[141] Vgl. Hentze, J. / Graf, A. (2005), S. 214.
[142] Vgl. Hentze, J. / Graf, A. (2005), S. 206.

rung eines Lebensstils und damit verbunden seiner Lebensqualität bringen.[143] Zu den beeinflussbaren Sozialleistungen gehören alle personalwirtschaftlichen Leistungen, die den Beschäftigten über das feste monatliche Entgelt für geleistete Arbeit hinaus vornehmlich in der Arbeit gegeben werden. Diese Sozialleistungen sollen den Beschäftigten motivieren, die Unternehmensziele zu erreichen.[144] Das Instrument der betrieblichen Sozialpolitik dient häufig nicht primär der Erreichung sozialer Ziele sondern vielmehr den wirtschaftlichen Zielen. Die Beschäftigten des öffentlichen Dienstes sollen dadurch zu einer höheren Leistung und zum Verbleib im Unternehmen stimuliert werden.[145] Mit der Einführung des TVöD am 01. Oktober 2005 ist der bisher gewährte Orts- und Sozialzuschlag weggefallen. Mitarbeitern mit Kindern wurde zuvor ein kinderbezogener Entgeltbestandteil gewährt. Zur Vermeidung finanzieller Einbußen haben Tarifvertragsparteien jedoch vereinbart, dass übergeleitete Beschäftigte die Besitzstandszulage weiter erhalten.[146]

Als wichtigstes Beispiel für betriebliche Sozialleistungen im öffentlichen Dienst gilt die betriebliche Altersversorgung,[147] welche als zusätzliche finanzielle Absicherung bei Beginn des Rentenalters für den Beschäftigten dient. Durch die Reform des Gesetzes der Rentenversicherung, hat diese Form der Sozialleistungen einen besonderen Stellenwert in der hiesigen Personalpolitik eingenommen und stellt einen besonderen Anreiz für die Beschäftigten dar.[148] Zudem verfügen Beschäftigte des öffentlichen Dienstes über einen besonderen Kündigungsschutz gemäß § 34 Abs. 2 TVöD, dies stellt eine besondere Sozialleistung des öffentlichen Dienstes dar. Demnach ist nach Eintritt der Voraussetzungen des § 34 Abs. 2 TVöD eine ordentliche Kündigung des Arbeitsverhältnisses ausgeschlossen. Die Unkündbarkeit tritt nach einer Beschäftigungszeit von 15 Jahren und nach Vollendung des 40. Lebensjahres ein, wobei beide Voraussetzungen gleichermaßen erfüllt sein müssen.[149] Die private Nutzung von Dienstwagen, Unfallversicherungen oder die Fortzahlung von Bezügen bei Krankheit oder Tod stellen weitere Sozialleistungen dar.[150] Allerdings muss betont werden, dass Sozialleistungen nur ein Motiv für den Eintritt und Verbleib im öffentlichen

---

[143] Vgl. Grätz, F. / Mennecke, K. (1979), S. 9.
[144] Vgl. Hummel, T. R. / Wagner, D. / Zander, E. (1989), S. 2.
[145] Vgl. Hentze, J. / Graf, A. (2005), S. 209.
[146] Vgl. Dassau, A. / Wiesend-Rothbrust, E. (2008), S. 1002.
[147] Vgl. Moderegger, H. A. (1999), S. 43.
[148] Vgl. Hentze, J. / Graf, A. (2005), S. 219.
[149] Vgl. Dassau, A. / Wiesend-Rothbrust, E. (2008), S. 531.
[150] Vgl. Evers, H. (2009), S. 520.

Dienst sind und keineswegs langanhaltende Motivations- und Anreizfaktoren darstellen.[151]

3.2.1.3 Cafeteria-System

Das Cafeteria-System ist eine aus den USA stammende und dort schon seit längerem praktizierte Vergütungsform, die seit Beginn der achtziger Jahre auch in Deutschland in der Privatwirtschaft, aber auch zunehmend im öffentlichen Dienst Anklang findet. Das moderne Konzept der Flexibilisierung und Individualisierung von Entgeltkomponenten hat das Cafeteria-System in Theorie und Praxis auch in Deutschland stetig weiter etabliert,[152] und es ergibt sich die Frage, inwieweit das Cafeteria-System auf den öffentlichen Dienst übertragen werden kann.[153]

Die öffentliche Verwaltung als Anreizgeber versucht mittels Selbstselektion von Entgeltleistungen die individualspezifischen Motive seiner Mitarbeiter im Hinblick auf ein zielgerichtetes Verhalten zu aktivieren.[154] Das Konzept zeichnet sich dadurch aus, dass Mitarbeiter aus einem von den Unternehmen bereitgestellten Angebot, variable Entgeltbestandteile, wie beispielsweise Tantiemen, Gewinnbeteiligung oder auch freiwillige Sozialleistungen und Versicherungsleistungen, aussuchen können. [155] Durch die Individualisierung von betrieblichen Leistungen bekommt der Mitarbeiter die Möglichkeit, diejenigen Entgelt- und Sozialleistungskomponenten zu wählen, die für seine Bedürfnisse oder finanzielle Situation am sinnvollsten erscheinen.[156] So stellen Cafeteria-Systeme aus motivations- und anreizbezogenen Gründen eine erfolgversprechende Alternative zu den üblichen Entgeltsystemen dar.[157] Insbesondere die Individualisierung von Entgeltbestandteilen und damit die Berücksichtigung unterschiedlicher Mitarbeiterinteressen tragen unter den genannten Aspekten zur Aktivierung der Anreizpotentiale der Beschäftigten im öffentlichen Dienst bei.[158] Das Cafeteria-Konzept setzt voraus, dass es dem Mitarbeiter überlassen ist, inwiefern er sich zwischen den verschiedenen Entgeltbestandteilen bzw. Leistungen innerhalb

---

[151] Vgl. Hippler, G. / Haas, H. / Franz, G. (1989), S. 59.
[152] Vgl. Langemeyer, H. (1999), S. 26.
[153] Vgl. Grawert, A. (1998), S. 114.
[154] Vgl. Langemeyer, H. (1999), S. 61.
[155] Vgl. Hentze, J. / Graf, A. (2005), S. 234.
[156] Vgl. Wagner, D. (1991), S. 94.
[157] Vgl. Wagner, D. (1991), S. 111.
[158] Vgl. Wagner, D. (1991), S. 107.

eines bestimmten Budgets entscheidet.[159] Für die Anzahl der Wahlmöglichkeiten und die Struktur des Leistungsangebots müssen sowohl unternehmensinterne als auch - externe Einflussfaktoren berücksichtigt werden.[160] Für das Unternehmensimage der Arbeitgeber des öffentlichen Dienstes kann das Cafeteria-System förderlich sein. Durch die Schaffung individueller Attraktivität und die spezielle Berücksichtigung der Mitarbeiterbedürfnisse, sowohl intern bei den Mitarbeitern als auch unternehmensextern, können insbesondere bei der Personalbeschaffung potentielle Wettbewerbsvorteile erzielt werden.[161]

3.2.2 Immaterielle Motivationsinstrumente und Anreizsysteme

3.2.2.1 Führungskompetenz/Soziale Kompetenz

„Langfristig betrachtet hat jeder Vorgesetzte die Mitarbeiter, die er verdient."[162]

Personalführung ist vor allem das Vermeiden von Demotivation[163] und wird im Allgemeinen als ein Prozess zielgerichteter Verhaltensbeeinflussung eines Untergebenen verstanden, wobei die Führung immer mit Hilfe der Kommunikation und der Interaktion zwischen Vorgesetzten und Mitarbeitern erfolgt. Die Verhaltensweise, die auf die Verhaltensbeeinflussung zielt, wird dabei als beobachtbares Führungsverhalten bezeichnet.[164] Die meisten Dienstordnungen und Führungsleitlinien in der öffentlichen Verwaltung verpflichten den Vorgesetzten zum sogenannten kooperativen Führungsstil. In diesem Sinne kann Führungsverhalten nur dann als kooperativ bezeichnet werden, wenn es die zwischenmenschliche Beziehung miteinschließt und Mitarbeiterbedürfnisse zufriedenstellend berücksichtigt werden.[165] Die Zeiten, in denen allein die fachliche Kompetenz des Führenden eine ausreichende Basis für eine von den Untergebenen akzeptierte Führung darstellt, sind längst vorbei. In den öffentlichen Verwaltungen wächst zunehmend das Bewusstsein für die sozialen Fähigkeiten. Diese werden als „social skills" oder auch als „soziale oder emotionale Intelligenz" bezeichnet.[166] Der Führungsstil erhöht die Zufriedenheit der Beschäftigten im öffentlichen Dienst, sofern der Vorgesetzte die individuelle Bedürfnislage der Unter-

---

[159] Vgl. Wagner, D. (1991), S. 93.
[160] Vgl. Langemeyer, H. (1999), S. 37.
[161] Vgl. Langemeyer, H. (1999), S. 91.
[162] Comelli, G. / Rosenstiel, L. v. (2009), S. 83.
[163] Vgl. Sprenger, R. K. (1992), S. 172.
[164] Vgl. Hentze, J. / Graf, A. (2005), S. 261.
[165] Vgl. Hippler, G. / Haas, H. / Franz, G. (1989), S. 17.
[166] Vgl. Comelli, G. / Rosenstiel, L. v. (2009), S. 113.

geordneten berücksichtigt und sie als Menschen mit vielfältigen Wünschen und Bedürfnissen behandelt.[167] Die Aufgabe einer guten Führungskraft muss es sein, die
schöpferischen Kräfte im Unternehmen freizusetzen, sodass die Beschäftigten die
Chance haben, eigene Ideen zu realisieren und damit ein höheres Maß an Befriedigung erreichen.[168]

Entscheidend für das Arbeitsverhalten der Mitarbeiter sind nicht ausschließlich materielle Anreize, sondern insbesondere eine richtige Personalführung. Führen bedeutet
in diesem Zusammenhang, die Mitarbeiter von Ideen zu überzeugen und sie befähi-
gen, diese Überzeugung in aktive Handlung umzusetzen. Ein gemeinsames Denken
und Handeln untereinander aber auch mit dem Führenden selbst ist dabei unabdingbar.[169] Als Vorgesetzter wirksame Anreize zu schaffen, den Mitarbeiter zu motivieren,
ist sowohl eine Frage des Ideenreichtums als auch der Courage, die eigenen Handlungsspielräume voll auszuschöpfen.[170] Wer sich als Vorgesetzter nicht selbst motivieren kann, kann auch nur schwerlich seine Mitarbeiter motivieren.[171] Zur Förderung
der Zufriedenheit und Leistungsbereitschaft des Mitarbeiters in der öffentlichen Verwaltung, sind Anerkennung und Kritik wesentliche flexible Hilfs- und Führungsmittel
in der Hand des Vorgesetzten. Der Vorgesetzte sollte jedoch wissen, dass ihr Einsatz gut überlegt erfolgen sollte, sodass der falsche Einsatz dieser Führungsinstrumente vermieden wird, da er oftmals mehr zerstört als nützt.[172] Vorgesetzte sind vielfach der Auffassung, dass es Lohn und Anerkennung genug sei, wenn sie ein Leis-
tungsergebnis schweigend akzeptieren und somit nicht kritisieren[173], getreu der Ma-
xime „Solange ich nichts sage, ist alles in Ordnung".[174] Die Praxis aber macht deutlich, dass jene Tätigkeiten, die häufiger zu Anerkennung führen, durch die Mitarbeiter
künftig mit mehr Freude und Engagement ausgeübt werden. Ein Vorgesetzter, der
die Arbeit seines Mitarbeiters mit anerkennenden und kritisierenden Worten oder
Verhalten begleitet und auf diese Weise sein Interesse verdeutlicht, wird diesen stärker motivieren, als jener, der ohne Beachtung des Tuns seiner Untergebenen anderen Aufgaben nachgeht.[175] Auf Grund ihrer zentralen Position sollte die Möglichkeit

---

[167] Vgl. Rosenstiel, L. v. (2010), S. 276.
[168] Vgl. Borkel, W. (1977), S. 42.
[169] Vgl. Dräger, C. (1991), S. 841.
[170] Vgl. Laufer, H. (2007), S. 119.
[171] Vgl. Comelli, G. / Rosenstiel, L. v. (2009), S. 67.
[172] Vgl. Rosenstiel, L. v. (2009b), S. 227.
[173] Vgl. Comelli, G. / Rosenstiel, L. v. (2009), S. 53.
[174] Vgl. Fengler, J. / Sanz, A. (2011), S. 178.
[175] Vgl. Comelli, G. / Rosenstiel, L. v. (2009), S. 95f.

ergriffen werden, Feedback zu geben. Vorgesetzte können somit an erster Stelle Rückmeldung über die geleistete Arbeit geben, Wünsche äußern, Prioritäten setzen, kleine Korrekturen vornehmen aber auch Erfolge benennen.[176]

Und auch auf den richtigen Ton kommt es an. Ein partnerschaftlicher Umgangston gibt den Mitarbeitern das Gefühl der Gleichberechtigung[177] und eine weitere Variable im Beeinflussungsprozess.[178] Die Autorität des Vorgesetzten sollte sich nicht auf die hierarchische Stellung begründen, sondern vielmehr durch ihre fachliche Qualifikation.[179] Durch die zuvor genannte Ausübung von Lob und Kritik, kann auf der Beziehungsebene dazu beigetragen werden, dass der Kontakt vom Mitarbeiter zum Vorgesetzten vertrauensvoller, offener und intensiver wird.[180]

Den idealen Vorgesetzten gibt es nicht und auch nicht das optimale Führungsverhalten, da die jeweiligen Anforderungen der Situation und die Spezifität der Erfolgskriterien zu beachten und individuell anzupassen sind.[181] Die Praxis zeigt auch, dass es vielen Führungskräften oftmals nicht um ihre Mitarbeiter geht, sondern vielmehr um ihr Image als Führungskraft, um ihre Führungsqualifikation und die Souveränität in der Kontrolle ihrer Mitarbeiter.[182] Demgegenüber klagen viele Mitarbeiter im öffentlichen Dienst über die Unerreichbarkeit der Vorgesetzten, da der von ihnen ausgehende Kontakt nicht informierend sondern herrisch oder schwankend ist.[183] Damit die aufgezeigten Konzepte sichtbare Motivationswirkung erzielen, muss gleichzeitig die Fähigkeit der Vorgesetzten in der öffentlichen Verwaltung gestärkt werden. Hierzu gehört insbesondere die Gewährung erweiterter Handlungsspielräume, die Möglichkeit, Verantwortung zu übertragen sowie Sinnbezüge im Unternehmensalltag zu vermitteln.[184]

3.2.2.2 Personalgespräche zu Zielvereinbarungen

In der jüngsten Vergangenheit ist in der öffentlichen Verwaltung der Aspekt der Zielvereinbarung im Rahmen des Mitarbeitergesprächs sehr in den Vordergrund ge-

---

[176] Vgl. Fengler, J. / Sanz, A. (2011), S. 179.
[177] Vgl. Heinrichsohn, E. (1998), S. 75.
[178] Vgl. Kumar, B. N. (1991), S. 134.
[179] Vgl. Heinrichsohn, E. (1998), S. 75.
[180] Vgl. Comelli, G. / Rosenstiel, L. v. (2009), S. 100.
[181] Vgl. Comelli, G. / Rosenstiel, L. v. (2009), S. 87.
[182] Vgl. Sprenger, R. K. (1992), S. 173.
[183] Vgl. Fengler, J. / Sanz, A. (2011), S. 179.
[184] Vgl. Hippler, G. / Haas, H. / Franz, G. (1989), S. 96.

rückt.[185] Ein modernes, aktives Zielmanagement ist gekennzeichnet durch sinn- und strategieorientiertes Denken, Kommunizieren und Handeln und dient sowohl dem Unternehmenserfolg als auch dem Grundbedürfnis der in der öffentlichen Verwaltung tätigen Beschäftigten nach Orientierung und sinnerfülltem Handeln. Ein echtes Engagement bleibt aus, sofern die Mitarbeiterbedürfnisse unberücksichtigt bleiben.[186]

Management by Objectives – Führung durch Zielvereinbarungen – ist eines der am weitesten verbreiteten und erfolgreichsten Führungskonzepte, mit dem Schwerpunkt, gemeinsam durch Vorgesetzten und Mitarbeiter Ziele zu entwickeln, wobei die einzusetzenden Mittel zur Zielrealisierung dem Mitarbeiter selbst überlassen werden müssen.[187] Diese Art des Führens entspricht einem demokratischen Führungsverständnis und hat für den Mitarbeiter eine motivierende und für das Verantwortungsbewusstsein eine fördernde Wirkung, da sie dem Bedürfnis nach Selbstständigkeit und Gestaltungsspielraum entgegen kommt und findet in der öffentlichen Verwaltung zunehmend Anerkennung.[188] Der § 18 des TVöD stellt diesbezüglich neue Anforderungen an die Qualität der Führungskräfte. Die Vorgesetzten des öffentlichen Dienstes müssen demnach wissen, welche Aufgaben ihre zugeordneten Mitarbeiter wahrnehmen, welche Stärken und Schwächen vorliegen und in welcher Qualität und Quantität die Aufgabenerledigung erfolgt.[189] Überall dort, wo die Diagnostik eine Steigerung der ergebnisorientierten Aufgabenmotivation als sinnvoll erscheinen lässt, ist dieses Konzept des Führens durchaus erfolgreich. Die Mitarbeiter müssen größtmögliche Transparenz der an sie gestellten Aufgaben erfahren, verbunden mit der Anforderung einer entsprechenden Belohnung.[190]

Als ein Ziel wird ein vorausgedachtes Ereignis mit der Funktion bezeichnet, Energie und Motivation zu mobilisieren.[191] Ziele sind unter anderem eine Basis für die Selbst- und Fremdkontrolle des Arbeitsverhaltens.[192] Die grundlegende Anforderung an ein zu vereinbarendes Ziel ist, dass es sich tatsächlich um ein Ziel handelt, also einen angestrebten Zustand, der real auch durch den Mitarbeiter erreicht werden kann,

[185] Vgl. Nagel, R. / Oswald, M. / Wimmer, R. (1999), S. 72.
[186] Vgl. Laufer, H. (2007), S. 47.
[187] Vgl. Hentze, J. / Graf, A. (2005), S. 297.
[188] Vgl. Laufer, H. (2007), S. 55.
[189] Vgl. Dmuß, K. (2010), S. 151.
[190] Vgl. Scheffer, D. / Kuhl, J. (2006), S. 79.
[191] Vgl. Stroebe, A. I. / Stroebe, R. W. (2010), S. 11f.
[192] Vgl. Comelli, G. / Rosenstiel, L. v. (2009), S. 88.

aber für ihn auch eine Herausforderung darstellen sollte.[193] Ziele motivieren dann am stärksten, wenn sie konkret, überzeugend und positiv formuliert werden.[194]

Das Mitarbeitergespräch sieht Vorgesetzte und Mitarbeiter als selbstbestimmte Partner, die sich offen über Urteile, Erwartungen und Zielvorstellungen austauschen sollten. Diese Sichtweise der Beurteilung erfordert jedoch eine Unternehmenskultur, in der Vertrauen herrscht und die Mitarbeiter an Entscheidungen beteiligt werden.[195]

Sowohl der Prozess der Zielvereinbarung als auch das Verknüpfen variabler Gehaltserwartungen mit diesem Prozess stellen hohe Anforderungen an die Führungsqualitäten der handelnden Personen im öffentlichen Dienst,[196] wobei bestimmte Gütekriterien sowie vorher festgelegte Verfahrensschritte eingehalten werden müssen (Vgl. Abb. A3 im Anhang, S. 59.).[197] Eine weitere wichtige Anforderung ist die präzise und für den Mitarbeiter verständliche Zieldefinition. Zur Präzisierung gehört ferner, die Ziele mit realistischen Zeitangaben zu versehen.[198] Je stärker sich der Mitarbeiter schließlich selbst in den Prozess der Zielfindung einbringen kann, umso besser sind die Voraussetzungen gegeben, dass er diese Ziele nicht nur versteht, sondern sich auch uneingeschränkt mit ihnen identifizieren kann.[199] Ziele werden also vereinbart, damit sie erreicht werden. Die Zielerreichung lässt sich jedoch nur dann eindeutig bestimmen, wenn sie messbar ist.[200]

Das Zielfindungsgespräch ist wohl das wichtigste Führungsgespräch, das der Vorgesetzte mit seinem Mitarbeiter führen sollte.[201] Hierbei ist es zwingend notwendig, dass der Vorgesetzte dafür Sorge trägt, dass seinen Mitarbeitern zeitnah und präzise Rückmeldung über den Grad der Zielerreichung gegeben wird, sodass sich Erfolgserlebnisse einstellen können, oder im Falle des Misserfolgs eine Korrektur des zielgerichteten Verhaltens vorgenommen werden kann.[202] Im Rahmen der Zielvereinbarungsgespräche haben die Mitarbeiter die Möglichkeit, ihre persönlichen Wünsche und Bedenken zu äußern, aber auch Rückmeldung zum Verhalten ihres Vorgesetz-

[193] Vgl. Bardens, R. E. (2000), S. 5.
[194] Vgl. Laufer, H. (2007), S. 53.
[195] Vgl. Nerdinger, F. W. (2009), S. 194.
[196] Vgl. Nagel, R. / Oswald, M. / Wimmer, R. (1999), S. 74.
[197] Vgl. Dilcher, B. / Emminghaus, C. (2010a), S. 21.
[198] Vgl. Bardens, R. E. (2000), S. 6.
[199] Vgl. Borkel, W. (1977), S. 55.
[200] Vgl. Bardens, R. E. (2000), S. 9.
[201] Vgl. Borkel, W. (1977), S. 49.
[202] Vgl. Comelli, G. / Rosenstiel, L. v. (2009), S. 94.

ten zu geben.[203] Hierbei ist es außerdem wichtig, dass Mitarbeiter und Vorgesetzte in angemessenem Umfang zu Wort kommen und Mitarbeiter, die in einem Gespräch sehr ruhig und zurückhaltend auftreten, zur Meinungsäußerung motiviert werden.[204] Die erfolgreiche Praxis von Zielvereinbarungsgesprächen im öffentlichen Dienst hängt im wesentlichen davon ab, ob die Führungskräfte motiviert und hinreichend qualifiziert sind, um diese Gespräche zu führen und die eigene Motivation und Energie für eine erfolgreiche Zielerreichung auf ihre Mitarbeiter übertragen können.[205]

Die Problematik in der öffentlichen Verwaltung besteht jedoch darin, dass gemeinwohlorientierte Ziele Zielgrößen enthalten, die sich der unmittelbaren Messung entziehen. Zielentsprechendes Handeln kann größtenteils nur subjektiv erfolgen und daher ohne Anspruch auf absolute Verlässlichkeit beurteilt werden.[206] Nichts desto trotz kann es als angebracht erscheinen, sich auch mit der Stärkung der Zielvorgaben, der Erfassung und ggf. auch Belohnung individueller Leistungen, um eine Extremierung der sachlich notwendigen Zielerreichung zu bemühen[207] und auf kommunaler Ebene als innovatives Führungskonzept flächendeckend zu praktizieren.[208]

3.2.2.3 Delegation von Verantwortung und Kompetenz am Beispiel des Qualitätszirkels

Das „Qualitätsmanagement ist die Gesamtheit der qualitätsbezogenen Tätigkeiten und Zielsetzungen"[209], mit der sich die Führungsebene zu entsprechenden Bemühungen verpflichtet hat und die notwendigen Strukturen dafür in die Wege leiten muss, um Mitarbeiter des öffentlichen Dienstes zu einer qualitativen Leistung motivieren zu können.[210]

Qualitätszirkel haben sich seit den 80er Jahren in vielen deutschen Unternehmen etabliert.[211] Das Hauptziel von Qualitätszirkeln ist die Einführung einer neuen Kultur des Wahrnehmens und Eliminierens von Arbeitsproblemen. Eine neue Sichtweise zur unmittelbaren Arbeitsumgebung soll vermittelt werden, wodurch sich ein problem-

---

[203] Vgl. Laufer, H. (2007), S. 57.
[204] Vgl. Bardens, R. E. (2000), S. 17.
[205] Vgl. Tondorf, K. (2007b), S. 43.
[206] Vgl. Brede, H. (1991), S. 1132.
[207] Vgl. Koch, R. (1991), S. 1172.
[208] Vgl. Hopp, H. / Göbel, A. (2008), S. 311.
[209] Loffing, C. (2005), S. 18.
[210] Vgl. Loffing, C. (2005), S. 17.
[211] Vgl. Zink, K. J. / Ritter, A. / Machauer-Bundschuh, S. (1993), S. 1.

lösungsorientiertes Verhalten herausbilden soll.[212] In den Qualitätszirkeln sollen außerdem Problemstellungen gesammelt, sowie Vorschläge zur Beseitigung dieser Probleme erarbeitet werden. Die Entwicklung und Bereitstellung von fachlichen Standards gehört ebenfalls zu den Aufgaben des Qualitätszirkels.[213]

Durch die Delegation von Mitarbeitern in Qualitätszirkeln in der öffentlichen Verwaltung soll Motivierung zur Identifikation mit der Tätigkeit und der Verwaltung, sowie die Stärkung der Eigenverantwortung und der Selbstkontrolle erreicht werden.[214] Delegieren von Verantwortung setzt jedoch voraus, dass Führungskräfte Vertrauensvorschuss geben können, Eigenverantwortung übertragen und den Mitarbeitern entsprechende Befugnisse eingeräumt werden.[215] Autorität und Alleinherrschaft können daher nicht mehr Instrumentarien zur Mitarbeiterführung sein, sondern müssen insbesondere auf kooperatives Führungsverhalten und Mitarbeiterpartizipation ausgelegt werden.[216]

Die immaterielle Anerkennung scheint für die Durchsetzung der Zirkelidee für die Zirkelmitglieder wichtiger zu sein, als die materiellen Anreize. Die Partizipation, das Vertrauen statt Kontrolle zu spüren, sowie die Probleme nicht nur zu sehen, sondern zu lösen, nennen die Mitarbeiter in den Qualitätszirkeln als Hauptanreize.[217] Teamarbeit kann bei hohem inneren Zusammenhalt das Gefühl der Geborgenheit innerhalb der Gruppe erhöhen, Kontaktbedürfnisse befriedigen und dadurch zu deutlich mehr Zufriedenheit beitragen.[218]

Qualitätszirkel stellen kleine Gruppen von Mitarbeitern dar, die sich primär aus der unteren Hierarchieebene zusammensetzen. Regelmäßige Treffen finden auf freiwilliger Grundlage statt, um selbst gewählte Probleme und Projekte aus dem Arbeitsalltag zu lösen und zu bearbeiten. Allerdings hat der Qualitätszirkel keine Entscheidungsbefugnis sondern zeigt lediglich Anregungen und Verbesserungsvorschläge an die Vorgesetzten auf.[219] Der Motivationsanreiz dieser genannten Gruppe ist jedoch sehr vielfältig und reicht von der Art und Qualität der zu bewältigenden Aufgaben über die Funktion des Einzelnen in der Gruppe bis hin zur Art der Führung, mit der

---

[212] Vgl. Engel, P. O. E. (1992), S. 132.
[213] Vgl. Loffing, C. (2005), S. 26.
[214] Vgl. Schultz, F. / Selzner, J. / Wachsmuth, R. (1992), S. 90.
[215] Vgl. Hesper, H. (1991), S. 835.
[216] Vgl. Zink, K. J. / Ritter, A. / Machauer-Bundschuh, S. (1993), S. 3.
[217] Vgl. Marciniak, F. (1991), S. 682.
[218] Vgl. Rosenstiel, L. v. (2010), S. 278.
[219] Vgl. Antoni, C. (2009), S. 336.

verbundenen Akzeptanz und Wertschätzung, die erfahren wird. Die Motivation zu der geforderten Zirkelleistung ist für den Vorgesetzten eine herausfordernde Aufgabe, die viel Aufmerksamkeit, hohe Sensibilität und viel Fingerspitzengefühl erfordert.[220]

Für eine erfolgreiche Arbeit in Qualitätszirkeln, müssen insbesondere Mitarbeiter des öffentlichen Dienstes im Umgang miteinander und in Hinsicht der Benutzung geeigneter Moderationsmethoden qualifiziert werden.[221] Den Zirkelmitgliedern wird also die Gelegenheit geboten, an der Gestaltung des Arbeitsplatzes mitzuarbeiten.[222] Die zu bearbeitenden Themen sollten sich auf den Erfahrungs- und Arbeitsbereich der Gruppenmitglieder beschränken, sodass ihre individuelle Kompetenz als Experten an der Basis für die Problemlösungsarbeit gewährleistet ist. Mit der Themenwahl beginnt zugleich der Problemlösungsprozess.[223]

4 Problemfelder und Grenzen der Mitarbeitermotivation im öffentlichen Dienst

4.1 Der kritische Aspekt der Leistung im öffentlichen Dienst

Aufgrund finanzieller Nöte und der wachsende Reformbedarf öffentlicher Verwaltungen haben öffentliche Arbeitgeber das Leistungsprinzip entdeckt. Leistungspolitische Strategien wurden entwickelt und insbesondere im kommunalen Bereich in Teilen bereits umgesetzt.[224] Das Leistungsverhalten öffentlicher Bediensteter ist Gegenstand intensiver und häufig kritischer Diskussionen. Eine mangelnde Leistungsbereitschaft der Bediensteten und eine zu geringe Bürger- und Dienstleistungsorientierung wird zudem von Außenstehenden beklagt.[225] Der Aspekt der Leistung innerhalb der öffentlichen Verwaltung muss auch mit der Problematik der Führungssysteme, Personalentwicklung, der Arbeitsgestaltung, sowie der Umgang mit Entscheidungsspielräumen diskutiert werden.[226] Die Honorierung von Leistung und Erfolg gilt als

---

[220] Vgl. Comelli, G. / Rosenstiel, L. v. (2009), S. 230f.
[221] Vgl. Rosenstiel, L. v. (2010), S. 186.
[222] Vgl. Dorr, H.-J. / Flocken, P. (1992), S. 113.
[223] Vgl. Deppe, J. (1991), S. 641.
[224] Vgl. Tondorf, K. (1997), S. 16.
[225] Vgl. Hoefert, H.-W. / Reichard, C. (1979), S. 9.
[226] Vgl. Klages, H. / Hippler, G. / Haas, H. (1991), S. 7.

attraktive Strategie, um wichtige Reformziele, wie beispielsweise die Qualität der Dienstleistungen oder Mitarbeiterzufriedenheit, zu erreichen. [227] Unter dem Leistungsbegriff wird dabei die gelungene Aufgabenbewältigung verstanden, wobei die Erfüllung vorgegebener Normen im Hinblick auf ein aus der organisatorischen Zielsetzung abgeleitetes Arbeitsresultat im Mittelpunkt steht. [228] Unter der Leistungsbewertung versteht sich das Einordnen der Qualität und Quantität des erzielten Arbeitsergebnisses in einer bestimmten Rangfolge nach zuvor festgelegten Kriterien. [229] Bei öffentlichen Dienstleistungen ist die Qualität und Quantität jedoch schwieriger zu bestimmen als bei materiellen Gütern, da es sich bei diesen Dienstleistungen vielfach um Leistungen handelt, die nicht immer in gleicher Weise, sondern situations- und problembezogen erfolgen. [230] Das Leistungsprinzip wird allgemein als ein gesellschaftlich anerkannter Grundsatz verstanden, der besagt, dass Belohnungen verschiedenster Art ausschließlich in Abhängigkeit von erbrachter Leistung vergeben werden. [231]

Das Thema Leistung und Entgelt ist für gewerkschaftliche und gesetzliche Interessenvertretungen der Beschäftigten im öffentlichen Dienst hoch aktuell. [232] Die Einführung von Leistungsentgelten bietet dabei die Chance, Prozesse zur Klärung von Qualitätsstandards einzelner Dienstleistungen voranzutreiben [233] und eine Effektivierung der Verwaltung zu erreichen. [234] Somit fällt es nicht schwer, Leistungszulagen und andere finanzielle Anreize begrüßenswert zu finden. Wird allerdings nach Gründen gesucht, die zur Ablehnung von Leistungszulagen führen, so wird dies auch nicht schwerfallen. [235]

Regeln, Aufgaben- und Finanzvorgaben steuern bisher die öffentliche Verwaltung, wobei die Forderungen nach einer Steuerung durch Leistungsergebnisse und zielorientierten Ergebnissen deutlicher werden. [236] In § 18 Abs. 1 TVöD werden die Ziele, die mit der Einführung einer leistungsorientierten Bezahlung im öffentlichen Dienst verfolgt werden, aufgezeigt. Demnach soll die leistungs- und erfolgsorientierte Bezahlung dazu beitragen, die öffentlichen Dienstleistungen zu verbessern und zu-

---

[227] Vgl. Tondorf, K. (2007b), S. 8.
[228] Vgl. Bamberg, U. (1979), S. 26.
[229] Vgl. Kubin, E. (1967), S. 156.
[230] Vgl. Tondorf, K. (2007b), S. 21.
[231] Vgl. Bamberg, U. (1979), S. 27.
[232] Vgl. Tondorf, K. (1997), S. 15.
[233] Vgl. Tondorf, K. (2007b), S. 22.
[234] Vgl. Hoefert, H.-W. / Reichard, C. (1979), S. 10.
[235] Vgl. Brede, H. (1991), S. 1131.
[236] Vgl. Tondorf, K. (1997), S. 15.

gleich die Motivation, Eigenverantwortung und Führungskompetenz stärken.[237] Das leistungsbezogene Entgelt kann außerdem zu einer größeren Einkommensgerechtigkeit führen.[238] Es ist jedoch unumstritten, dass im öffentlichen Dienst, in dem eine leistungsbezogene Arbeitsatmosphäre vorherrscht, der einzelne Beschäftigte sowohl einem sozialpsychologischen Druck als auch einem emotionalen Druck unterliegt, der unausweichlich in Richtung der Leistungsmotivation zielt.[239] Eine stärkere Verpflichtung auf das Leistungsprinzip, die Forderung nach höherer Leistungsmotivation und mehr Leistung im öffentlichen Dienst, setzt nicht nur eine prägnantere Definition dessen voraus, worin die spezifische Leistung der Beschäftigten im öffentlichen Dienst bestehen sollte, sondern erfordert insbesondere Denkmodelle, in denen die Konkurrenz verschiedener Tätigkeits- und Lebensbereiche mit ihrem jeweiligen Belohnungscharakter berücksichtigt werden.[240]

4.2 Ziele und Zielkonflikte von Anreizsystemen und Leistungsprämien im öffentlichen Dienst

4.2.1 Bezahlungsstruktur von Leistungsprämien im öffentlichen Dienst

Die Auffassung, dass für die Bestimmung der Gehalts- und Lohnhöhe die Anforderungen maßgebend sein müssen, die an den Beschäftigten bei der Erfüllung seiner Aufgaben gestellt werden, findet allgemeine Anerkennung. Strittig sind jedoch die Methoden, mit deren Hilfe diese Anforderungen möglichst objektiv erfasst und zueinander in wertende Beziehung gesetzt werden können.[241]

International vergleichende Studien bestätigen, dass Deutschland mit der Einführung von Leistungsentgelten im öffentlichen Dienst im internationalen Trend liegt.[242] „Die leistungs- und/oder erfolgsorientierte Bezahlung soll dazu beitragen, die öffentlichen Dienstleistungen zu verbessern. Zugleich sollen Motivation, Eigenverantwortung und Führungskompetenz gestärkt werden."[243] Herausragende Leistungen können somit durch Leistungsprämien und Leistungszulagen honoriert werden, wobei beide Leis-

[237] Vgl. Trittel, N. / Schmidt, W. / Müller, A. / Meyer, T. (2010), S. 67.
[238] Vgl. Tondorf, K. (1997), S. 30.
[239] Vgl. Klages, H. / Hippler, G. / Haas, H. (1991), S. 150.
[240] Vgl. Hoefert, H.-W. (1979), S. 77.
[241] Vgl. Kubin, E. (1967), S. 5.
[242] Vgl. Tondorf, K. (2007b), S. 17.
[243] Dassau, A. / Wiesend-Rothbrust, E. (2008), S. 285.

tungselemente nach Höhe, Dauer und der Zahl der Begünstigten begrenzt sind, um einen möglichen Missbrauch entgegenzuwirken.[244]

Die Tarifvertragsparteien haben sich in einem neuen Tarifvertrag für den öffentlichen Dienst darauf verständigt, ab dem 01. Januar 2007 gemäß § 18 TVöD ein Leistungsentgelt einzuführen, das eine variable und leistungsorientierte Bezahlung zusätzlich zum Tabellenentgelt darstellt[245] und grundsätzlich allen Tarifbeschäftigten zugänglich gemacht werden muss.[246] Bundesweit wird damit zum ersten Mal allen Kommunen und der Mehrzahl kommunaler Unternehmen ein modernes Tarifinstrumentarium zur Verfügung gestellt, um damit durch eine differenzierte Bezahlung auf die Leistung des Individuums und dem Erfolg der Verwaltung Einfluss zu nehmen.[247] Jedoch sind die Instrumentarien zur Ermittlung und Bewertung von Leistungen nicht tarifvertraglich ausgestaltet, sodass die Einführung des Leistungsentgeltes eher als Bürde denn als Chance wahrgenommen wird.[248] Durch die in § 18 Absatz 1 TVöD aufgezeigten Methoden zur Leistungsfeststellung/-bewertung, ist es die Aufgabe der Betriebsparteien, Leistung und Erfolg näher zu definieren.[249]

Der § 18 TVöD impliziert noch keine konkreten Regelungen für die Zahlung an die Beschäftigten, sondern legt insbesondere den Berechnungsrahmen für das ausschüttungsfähige Gesamtvolumen fest.[250] Das Gesamtvolumen beträgt zunächst 1% der ständigen Monatsentgelte des Vorjahres aller unter den TVöD fallenden Beschäftigten des jeweiligen Arbeitgebers. Angestrebt wird zu einem nicht näher bestimmten Zeitpunkt ein Gesamtvolumen von 8%.[251] Das Leistungsentgelt wird zusätzlich zu dem Tabellenentgelt als Leistungsentgelt, Erfolgsprämie oder Leistungszulage gewährt und ist in der Regel eine einmalige Zahlung, die im Allgemeinen auf der Grundlage einer Zielvereinbarung erfolgt.[252] „Die Leistungszulage ist eine zeitlich befristete, widerrufliche, in der Regel monatlich wiederkehrende Zahlung"[253] und soll nach gewerkschaftlichen Vorstellungen nur als schmale Menge in Verhältnis zur Gesamtvergütung stehen. Ein hohes Maß an Sicherheit und Stabilität des Arbeitseinkommens

[244] Vgl. Siedentopf, H. (2003), S. 89.
[245] Vgl. Tondorf, K. (2007b), S. 7.
[246] Vgl. Trittel, N. / Schmidt, W. / Müller, A. / Meyer, T. (2010), S. 26.
[247] Vgl. Dassau, A. / Wiesend-Rothbrust, E. (2008), S. 289.
[248] Vgl. Tondorf, K. (2007b), S. 10.
[249] Vgl. Tondorf, K. (2007b), S. 36.
[250] Vgl. Effertz, J. (2011), S. 224.
[251] Vgl. Effertz, J. (2011), S. 226.
[252] Vgl. Dassau, A. / Wiesend-Rothbrust, E. (2008), S. 286.
[253] Dassau, A. / Wiesend-Rothbrust, E. (2008), S. 286.

wird mit der genannten Einschränkung gewährleistet.[254] Natürlich stellt sich die Frage der Finanzierungsquellen für die Leistungsprämien. Die Tarifvertragsparteien verständigten sich auf die Finanzierung der Leistungsentgelte durch eine gestaffelte Kürzung der Jahressonderzahlung der Beschäftigten in Abhängigkeit ihrer Entgeltgruppe.[255] Die Umsetzung wird demnach immer häufiger zum Anlass genommen, bisherige Entgeltbestandteile zur Finanzierung heranzuziehen. Dies geschieht beispielsweise in Form der Finanzierung durch Personalkosten. So werden freiwerdende Stellen nicht wieder besetzt.[256]

4.2.2 Differenzierung der Anreizsysteme im öffentlichen Dienst und der Privatwirtschaft

Das tradierte Anreizsystem im öffentlichen Dienst weist im Hinblick auf die Privatwirtschaft deutliche Defizite auf. Es basiert wesentlich auf dem traditionellen Berufsbeamtentum und dem damit einhergehenden personalpolitischen Leitbild, das vorwiegend auf Loyalitäts- und Pflichtwerte setzt und die existenzielle Absicherung der Beschäftigten in den Mittelpunkt stellt und dadurch wenig Anreize für ein ausgeprägtes Leistungsverhalten setzt.[257] In der Privatwirtschaft gestalten sich die Anreizarten hingegen in Form von Umsatzprämien, Gewinnbeteiligung, Tantiemen, aber auch Macht und Prestige liefern die entsprechenden Möglichkeiten.[258]

Auf Grund ihrer besonderen Funktion haben öffentliche Verwaltungen einerseits Gemeinsamkeiten, andererseits markante Unterschiede zu privaten Wirtschaftsunternehmen.[259] So befindet sich der öffentliche Dienst in einer dynamischen Umwelt mit neuen Herausforderungen. In Relation zur Privatwirtschaft ist der Konkurrenzdruck zwar nicht ganz so stark ausgeprägt, wohl aber unter Legitimationsdruck gegenüber der Öffentlichkeit in Hinblick auf ihre Problemlösungsfähigkeit.[260] Angesichts des Erfolgs privatwirtschaftlicher Anreizsysteme in Unternehmen ist es nicht verwunderlich, dass in vielen Verwaltungs-Kommissionen Anleihen in der Betriebswirtschaft

[254] Vgl. Tondorf, K. (1997), S. 119.
[255] Vgl. Tondorf, K. (2007b), S. 9.
[256] Vgl. Tondorf, K. (2007a), S. 29.
[257] Vgl. Reichard, C. (2003), S. 222.
[258] Vgl. Brede, H. (2001), S. 161.
[259] Vgl. Hopp, H. / Göbel, A. (2008), S. 2.
[260] Vgl. Hippler, G. / Haas, H. / Franz, G. (1989), S. 11.

aufgenommen werden, um auch für den öffentlichen Dienst leistungsbezogene Steuerungselemente zu entwickeln.[261]

Bei dem Interesse, öffentliche Verwaltungen in moderne Dienstleistungsunternehmen umzuwandeln, spielen monetäre Anreize eine wichtige Rolle.[262] Überblickt man die Möglichkeiten von Anreizsystemen im öffentlichen Dienst, so ist nur eine geringe Auswahl an Anreizelementen vorzufinden, da beispielsweise die Existenz vielfach gesichert ist und finanzielle Anreize oftmals nicht kurzfristig umzusetzen sind.[263] Verschiedene Reformziele können durch sie verstärkt werden, in dem beispielsweise Leistungsqualität im Reformprozess belohnt oder Verbesserungsvorschläge honoriert werden, die zur Einsparung von Sachkosten oder zu Mehreinnahmen führen.[264] Zunehmend wichtiger werden allerdings, wie man in der Wirtschaft erkannt hat, immaterielle Anreize.[265] Diese Anreize stellen ein wichtiges Instrument zur Arbeitsmotivierung und Leistungssteigerung dar, welche im Gegensatz zur Privatwirtschaft im öffentlichen Dienst bislang nur in geringem Maße genutzt wird.[266]

Eine Form des Leistungsanreizes besteht unter anderem darin, Beschäftigten des öffentlichen Dienstes Aufstiegsmöglichkeiten zu eröffnen, wenn bestimmte Leistungen erzielt wurden.[267] Damit solche Anreize zur Geltung kommen können, müssen den Beschäftigten Selbstständigkeits- und Selbstverantwortungschancen angeboten und die Arbeit interessant und sinnvoll gestaltet werden.[268]

Der stärkste Motivationseffekt ist vom Anreizelement „Tätigkeitsgestaltung" zu erwarten. Im öffentlichen Dienst kann dies beispielsweise durch die Nutzung von Möglichkeiten regelmäßiger Stellenwechsel umgesetzt werden, ebenso durch Flexibilisierung der Arbeitszeiten oder durch Übertragung von Delegations- und Entscheidungskompetenzen.[269] Im Hinblick auf die Arbeitszeitflexibilisierung ist der öffentliche Dienst im Bezug zur Privatwirtschaft zumindest in der Ermöglichung von Teilzeitbeschäftigungsverhältnissen führend.[270] Eine Optimierung dieser Flexibilisierungsmöglichkei-

[261] Vgl. Röber, M. (1991), S. 1107.
[262] Vgl. Tondorf, K. (1997), S. 18.
[263] Vgl. Brede, H. (1991), S. 1135.
[264] Vgl. Tondorf, K. (1997), S. 18.
[265] Vgl. Klages, H. (1991), S. 9.
[266] Vgl. Tondorf, K. (1997), S. 58.
[267] Vgl. Tondorf, K. (1997), S. 52.
[268] Vgl. Klages, H. (1991), S. 9.
[269] Vgl. Reichard, C. (1998), S. 104.
[270] Vgl. Grawert, A. (1998), S. 115.

ten im Hinblick auf variable Tages- oder Jahresarbeitszeiten, wie sie in der freien Wirtschaft oftmals vorzuweisen sind, bietet sich besonders an.[271]

Vorgesetzte haben in Bezug auf diese Tätigkeitsgestaltung eine Schlüsselrolle. Handlungsspielräume müssen durch sie aufgezeigt und gewährt werden und sie müssen das Vertrauen haben, Verantwortung dauerhaft übertragen zu können. Obwohl die aktuellen Reformprogramme in diese Richtung zielen, gibt es nach wie vor im Gegensatz zur Privatwirtschaft kaum systematische Bemühungen oder Tätigkeitsgestaltungen im öffentlichen Dienst.[272] Schließlich ist die Personalwirtschaft der öffentlichen Verwaltung durch teilweise stark überholte Strukturen geprägt, welche das öffentliche Dienstrecht dahingehend behindern, notwendige Modernisierungen umzusetzen.[273] Es ist also fraglich, ob sowohl materielle als auch immaterielle Anreize nennenswert dazu beitragen können, öffentliche Dienstleistungen zu verbessern, die Motivation der Beschäftigten zu fördern und die Eigenverantwortung soweit zu steigern, wie es die Voraussetzungen in der Privatwirtschaft ermöglichen. Durch die tariflichen Rahmenbedingungen, wie sie in dieser Arbeit zuvor aufgezeigt wurden, ist weder die Einführung der Leistungsbezahlung, noch die Erreichung der selbst gesetzten Ziele garantiert.[274]

4.2.3 Der Motivationsanreiz und die Gefahr der Demotivation durch Leistungsprämien

Die Einführung eines leistungsorientierten Vergütungssystems ist in der Regel nicht nur mit weitreichenden Strukturveränderungen des öffentlichen Dienstes verbunden, sondern zielt auf eine grundlegende Veränderung der Leistungskultur und dem Leistungsdenken einer Organisation und ihrer Beschäftigten ab.[275] Auf die Frage, ob Leistungsprämien die Leistungsmotivation steigern und die Bereitschaft der Beschäftigten zu einer innovativen Umgestaltung des öffentlichen Dienstes fördern, gibt es in der Wissenschaft und Praxis differenzierte Auffassungen. Die Praxis zeigt, dass Leistungsprämien in bestimmten Fällen motivierend, in anderen Fällen jedoch durchaus

---

[271] Vgl. Grawert, A. (1998), S. 115.
[272] Vgl. Reichard, C. (1998), S. 105.
[273] Vgl. Hopp, H. / Göbel, A. (2008), S. 11.
[274] Vgl. Tondorf, K. (2007b), S. 10f.
[275] Vgl. Dilcher, B. / Emminghaus, C. (2010b), S. 183.

leistungshemmend und demotivierend auf die Beschäftigten wirken.[276] So können Leistungsprämien bei den Beschäftigten eine Bestärkung des gezeigten Leistungsverhaltens wiederspiegeln, im Gegensatz dazu bei Beschäftigten die keine Leistungsprämie erhalten haben, Enttäuschungen auslösen.[277]

Die Einführung von Leistungsprämien gilt bei vielen Arbeitgebern des öffentlichen Dienstes als ein entscheidender Schlüssel zur Modernisierung und zur Stärkung von Effizienz, Effektivität und insbesondere der Motivation der Beschäftigten.[278] Die Personalentwicklung kann gefördert werden, indem Einzelaspekte und –instrumente der Personalentwicklung wie beispielsweise Fortbildungen oder Zielvereinbarungen mit dem Leistungsentgeltsystem verknüpft werden.[279]

Motivierungsmaßnahmen, mit denen echte Anreize gesetzt werden, tragen auch zur Leistungsverbesserung bei, sofern die für die Erfüllung von Sachaufgaben notwendigen Fähigkeiten in ausreichendem Maße bei den Beschäftigten vorhanden sind.[280] Es stellt sich allerdings die Frage, wie hoch die Leistungsprämie sein muss, um eine Motivationswirkung der im öffentlichen Dienst Beschäftigten zu entfalten,[281] und wie es gelingen soll, ein praktikables, von den Beschäftigten als gerecht akzeptiertes System zu erarbeiten, um individuelle Leistungsunterschiede messen und gerecht bewerten zu können.[282] So sollte den Beschäftigten zugesagt werden, Mehrleistungen oder Einsparungen, welche über eine vom Vorgesetzten festgelegte Norm hinausgehen, völlig in Prämien umzusetzen und die Höhe der Leistungsprämie, sofern die Möglichkeiten gegeben sind, vorher festzulegen.[283] Die Gefahr der Demotivation bei der Zahlung von Leistungsprämien liegt insbesondere darin, dass leistungsfähige und –willige Beschäftigte ihre Leistungen verringern werden, sobald sie erkennen, dass ihre Leistungen nicht honoriert werden. So werden leistungsorientierte Mitarbeiter keine Tätigkeiten annehmen, bei denen von vornherein ausgeschlossen werden kann, dass bessere und höhere Leistung bei jener Arbeitsaufgabe keine Vorteile bringen und demnach keine Leistungsprämie zur Folge haben.[284]

---

[276] Vgl. Tondorf, K. (1997), S. 60.
[277] Vgl. o. V. (1996) www.personalbeurteilung.de.
[278] Vgl. Trittel, N. / Schmidt, W. / Müller, A. / Meyer, T. (2010), S. 7.
[279] Vgl. Tondorf, K. (2007b), S. 24.
[280] Vgl. Hoefert, H.-J. (1979), S. 72.
[281] Vgl. Tondorf, K. (2007b), S. 55.
[282] Vgl. Touppen, H. (1979), S. 49.
[283] Vgl. Brede, H. (2001), S. 165.
[284] Vgl. Kubin, E. (1967), S. 155.

5 Empfehlungen zur Optimierung der Mitarbeitermotivation im öffentlichen Dienst

5.1 Empowerment

Inhaltstheorien der Motivation zeigen nicht nur Möglichkeiten für den Führungsalltag auf und verweisen neben den Inhalten über die zentralen Motivatoren und ihre Bedeutung, sondern regen an, den Grad der Selbstständigkeit und Verantwortung, Empowerment, zu erhöhen.[285] Dafür bedarf es der Schaffung einer Unternehmenskultur, in der die Arbeitsleistung der Beschäftigten des öffentlichen Dienstes auf allen Ebenen des Unternehmens Anerkennung finden und diese entsprechendes Selbstbewusstsein und die erforderlichen Fähigkeiten entwickeln können.[286] Die Managementintention „Empowerment" macht deutlich, unter welchen Bedingungen Leistungsbereitschaft, Leistungsfähigkeit und Ideenreichtum möglich sind.[287] Das Konzept des Empowerment eignet sich insbesondere für den öffentlichen Dienst, da eine zusätzliche finanzielle Vergütung nicht unbedingt mit der Umsetzung von Empowerment-Strategien einhergehen muss.[288] Mit der Übertragung von traditionellen Managementaufgaben auf Beschäftigte gehen eine flachere Unternehmenshierarchie und ein verändertes Rollenverständnis einher. Detaillierte Kontrolle wird durch Empowerment des Individuums oder einer Gruppe ersetzt und die Partizipation erhöht, wodurch sich die Anforderungen und die Verantwortung dementsprechend auch erhöhen.[289] Für dieses Management-Konzept ist eine weitestgehende Delegierung der Verantwortung für die Entscheidungsfindung ebenso wichtig, wie die Schaffung von Arbeitsbedingungen, unter denen die Beschäftigten des öffentlichen Dienstes ihre Kenntnisse und Fähigkeiten bei der Verfolgung gemeinsamer zwischenmenschlicher Ziele maximal entfalten können und dadurch die Motivation gesteigert wird.[290] Dem Beschäftigten wird dadurch ein deutlich höherer Autonomiegrad als in klassischen Führungskonzepten eingeräumt.[291]

Der öffentliche Dienst braucht ein höheres Maß an funktionsübergreifenden Arbeitsweisen, mehr Kooperation zwischen den verschiedenen Bereichen und eine ver-

[285] Vgl. Wunderer, R. (2009), S. 116.
[286] Vgl. Clutterbuck, D. / Kernaghan, S. (1995), S. 15.
[287] Vgl. Müller-Thurau, C. P. (1996), S. 22.
[288] Vgl. Clutterbuck, D. / Kernaghan, S. (1995), S. 35.
[289] Vgl. Jung, R. H. / Bruck, J. / Quarg, S. (2011), S. 438.
[290] Vgl. Clutterbuck, D. / Kernaghan, S. (1995), S. 15.
[291] Vgl. Jung, R. H. / Bruck, J. / Quarg, S. (2011), S. 406.

stärkte Integration ihrer Prozesse, wenn die Belange der Personen, die die Leistungen des öffentlichen Dienstes in Anspruch nehmen, befriedigt werden sollen. Solch eine Kooperation kann durch Empowerment erreicht werden.[292] Ein weiterer wichtiger Aspekt von Empowerment im öffentlichen Dienst ist die Freisetzung von Kreativität, Engagement und Partizipation bei den Beschäftigten.[293] Größeres Mitspracherecht am Arbeitsplatz, die Chance zur selbstständigen Durchführung eines Projekts, z. B. im Qualitätszirkel, die Entfaltung persönlicher Kreativität und die Anerkennung der eigenen Vorstellungen werden von den meisten Beschäftigten, insbesondere im öffentlichen Dienst, wo derzeit starre Strukturen vorherrschend sind, begrüßt und langfristig kann jedes dieser Elemente die Beschäftigten dazu motivieren, sich mit großem Engagement für ihre Tätigkeit einzusetzen.[294]

5.2 Höhere Motivations- und Beschäftigungsfähigkeit der Mitarbeiter in Unternehmen mit Work Life Balance-Maßnahmen

5.2.1 Grundcharakteristika und Ziele von Work Life Balance

Unternehmen der Privatwirtschaft und des öffentlichen Dienstes können sich heute kaum noch der Einsicht verschließen, dass berufliche Leistung und Engagement eng mit einem erfüllten „Leben neben der Arbeit" verbunden sind.

Work Life Balance sollte daher eines der zentralen Themen innerbetrieblicher Personalentwicklungs-Diskussionen werden.[295] „Work Life Balance bedeutet eine neue, intelligente Verzahnung von Arbeits- und Privatleben vor dem Hintergrund einer unveränderten und sich dynamisch verändernden Arbeits- und Lebenswelt."[296] Werden die einzelnen Wörter des englischen Fachterminus übersetzt, so bedeuten diese Arbeit, Leben, Ausgeglichenheit.[297] Balancing-Programme finden nach und nach Eingang in die öffentlichen Verwaltungen; gemeinsam wird nach Möglichkeiten gesucht, die Rollenkonflikte zwischen Beruf und Privatleben, die die Lebens- und Arbeitszufriedenheit vieler Mitarbeiter belasten, zu minimieren.[298] Grundsätzlich lassen all jene Maßnahmen positive Effekte erwarten, die in der Arbeitspsychologie als gesundheits-

---

[292] Vgl. Clutterbuck, D. / Kernaghan, S. (1995), S. 25.
[293] Vgl. Clutterbuck, D. / Kernaghan, S. (1995), S. 29.
[294] Vgl. Clutterbuck, D. / Kernaghan, S. (1995), S. 182.
[295] Vgl. Linneweh, K. / Hofmann, L. M. (2009), S. 78.
[296] o. V. (2005) www.bmfsfj.de/..., S. 4.
[297] Vgl. Michalk, S. / Nieder, P. (2007), S. 21.
[298] Vgl. Linneweh, K. / Hofmann, L. M. (2009), S. 78.

und persönlichkeitsfördernd bekannt sind. Dazu gehört unter anderem die Schaffung von Tätigkeitsspielräumen und Anforderungsvielfalt, aber auch die Findung von sinnhaften Aufgaben, Partizipationsmöglichkeiten und Möglichkeiten sozialer Interaktion.[299] Die Lebensqualität ist das unumstrittene Ziel von Work Life Balance, die damit folglich zum entscheidenden Kriterium für eine gelungene oder auch misslungene Work Life Balance wird.[300]

Work Life Balance Konzepte implementieren bedarfsspezifische ausgestaltete Arbeitszeitmodelle, eine an den Beschäftigten im öffentlichen Dienst angepasste Arbeitssituation, Modelle zur Flexibilisierung des Arbeitsortes sowie Führungsrichtlinien für Vorgesetzte.[301] Als weiteres wichtiges Ziel von Work Life Balance gilt die Sicherheit und Gesundheit bei möglichst erfolgreicher Teilnahme am Arbeitsprozess.[302] Dabei werden die Freude am Arbeiten und die private Erfüllung im Gegensatz zu früher wieder als Ganzheit angesehen.[303] Work Life Balance Konzepte bieten den öffentlichen Verwaltungen die Chance, Arbeitsabläufe zu optimieren und die Produktivität der Beschäftigten zu steigern, in dem sie die Arbeitsmotivation erhöhen, sowie nachhaltig die Akzeptanz der Verwaltung in der Öffentlichkeit zu verbessern und somit für mehr Attraktivität, beispielsweise bei der Personalbeschaffung, zu stehen.[304]

5.2.2 Work Life Balance-Maßnahmen

Die Relevanz von Work Life Balance-Maßnahmen ergibt sich also nicht nur aus der sozialen Verantwortung öffentlicher Arbeitgeber, sondern ebenso aus der konkreten wirtschaftlichen Notwendigkeit, Motivation und Leistungsfähigkeit von Beschäftigten im öffentlichen Dienst zu sichern und die Attraktivität der Verwaltung für Bewerber zu erhöhen.[305] Work Life Balance-Maßnahmen verfügen über ein breites Spektrum, die aber mit der Einschränkung auf den öffentlichen Dienst nicht immer Anwendung finden können. Als Optimierungsoptionen für den öffentlichen Dienst sind folgende Maßnahmen federführend:

---

[299] Vgl. Ulich, E. / Wiese, B. S. (2011), S. 217.
[300] Vgl. Kastner, M. (2004), S. 22.
[301] Vgl. o. V. (2005) www.bmfsfj.de/..., S. 4.
[302] Vgl. Thiehoff, R. (2004), S. 410.
[303] Vgl. Opaschowski, H. W. (1991), S. 48.
[304] Vgl. o. V. (2005) www.bmfsfj.de/..., S. 5.
[305] Vgl. o. V. (2005) www.bmfsfj.de/..., S. 5.

- Maßnahmen zur sinnvollen Verteilung der Arbeitszeit auf den Lebenszyklus und zu einer ergebnisorientierten Leistungserbringung
- Maßnahmen, die die Zielsetzung der Mitarbeiterbindung anstreben[306]

Hinsichtlich der Arbeitszeit sollten im öffentlichen Dienst zudem die Möglichkeit zur Flexibilisierung der Arbeitszeit, Teilzeitarbeit, aber auch Job Sharing gegeben sein.[307] Hinzu kommen aber auch die Bereitstellung von Betriebskindergärten sowie diverse Gesundheits- und Fitnessangebote, beispielsweise durch Vorteilsprogramme mit diversen Unternehmen, um Gesundheitsprävention zu betreiben.[308] Der § 28 TVöD bietet zudem die Möglichkeit, Sonderurlaub in Anspruch zu nehmen, um zum Beispiel längere Phasen der Abwesenheit vom Arbeitsplatz zu gewähren. Dieser Sonderurlaub kann für die Inanspruchnahme nach der Elternzeit durch den Arbeitgeber ohne Fortzahlung von Entgelt gewährt werden.[309]

5.2.3 Relevanz von Work Live Balance für Beschäftigte, Arbeitgeber und Führungskräfte

Die Balance zwischen Arbeit, Familie und Freizeit spielt eine zunehmende Rolle im Bewusstsein von Unternehmen und Mitarbeitern im öffentlichen Dienst. Die damit direkt in Verbindung zu bringende Lebensqualität jedes Beschäftigten hat mehrere Dimensionen, bei denen die persönliche Gesundheit besonders herausragt. Die von den Arbeitgebern geforderten Leistungen setzen ein natürlich hohes Maß an psychischer und physischer Fitness voraus, sodass Konzepte zu Work Life Balance als wichtige Aufgabe gilt, um die Gesundheit der Beschäftigten durch beispielsweise präventiv wirksame Maßnahmen zu fördern.[310] Die veränderte Arbeitswelt stellt komplexere Anforderungen an die Beschäftigten des öffentlichen Dienstes, bietet aber gleichzeitig die Chance, sowohl ein zufriedenes berufliches und auch ein zufriedenes Privatleben zu führen.[311] Arbeitgeber profitieren vor allem durch motivierte und engagierte Beschäftigte.[312] Beschäftigte des öffentlichen Dienstes, Gewerkschaften und

[306] Vgl. o. V. (2005) www.bmfsfj.de/..., S. 15.
[307] Vgl. Ulich, E. / Wiese, B. S. (2011), S. 218.
[308] Vgl. Frey, D. / Kerschreiter, R. / Raabe, B. (2004), S. 316.
[309] Vgl. Dassau, A. / Wiesend-Rothbrust, E. (2008), S. 440.
[310] Vgl. Lümkemann, D. (2004), S. 196.
[311] Vgl. Michalk, S. / Nieder, P. (2007), S. 33.
[312] Vgl. o. V. (2005) www.bmfsfj.de/..., S. 26.

Gesundheitsmanager fordern daher mit Nachdruck eine verbesserte Vereinbarkeit von Privatleben und Beruf, also von Work Life Balance.[313]

Work Life Balance-Maßnahmen würden der öffentlichen Verwaltung ein innovativeres und positiveres Image, nicht nur für Berufseinsteiger, verleihen. Durch die Einführung von Work Life Balance Konzepten wird von den Beschäftigten des öffentlichen Dienstes dahingehend ein hohes Maß an Sicherheit, Zufriedenheit und Motivation wahrgenommen, dass sie ihre Karriere besser planen können und junge Paare sich auf die Familienplanung leichter einstellen, ohne Befürchtungen hinsichtlich der Zukunftsperspektiven haben zu müssen. Hierdurch wird nicht nur die Zufriedenheit und höhere Leistungsbereitschaft bei den Beschäftigten erreicht, sondern Abwesenheitszeiten und Fluktuationen können reduziert werden.[314] So scheint es für den öffentlichen Dienst unabdingbar, bessere Rahmenbedingungen insbesondere bei der Vereinbarkeit von Beruf und Familie zu schaffen.[315]

„Work Life Balance ist mit Führung auf zweierlei Arten verbunden."[316] Zum einen zeigen Erfahrungen aus Führungskräftetrainings, dass die Spannung zwischen der persönlichen Balance und eine hohe Leistung am Arbeitsplatz bei gleichzeitiger Sicherung des eigenen privaten Freiraums ein wichtiges Thema sind, mit denen Vorgesetzte immer wieder in Konflikt geraten, um eine zufriedenstellende Regelung für sich zu erfahren. Zum anderen tragen Vorgesetzte die Fürsorgepflicht für ihre Mitarbeiter, eine Verantwortung, für deren Wohlergehen. Führungskräfte sind demnach verpflichtet, im Interesse ihrer Mitarbeiter deren Work Life Balance zu fördern und entsprechende Maßnahmen mit umzusetzen.

Zu den Aufgaben gehört sowohl die Gestaltung der Rahmenbedingungen für einen gelungenen Ausgleich zwischen Arbeit und Freizeit, als auch indirekt die Vorbildfunktion mit dem eigenen Umgang von Work Life Balance.[317] Vorgesetzte, die gelernt haben, sich selbstbestimmend zu führen und die in ihren Bemühungen um eine effektive Work Life Balance von ihrem Arbeitgeber Unterstützung erfahren, werden für gewöhnlich ihre beruflichen Führungsaufgaben effektiver bewältigen. Sie sind nicht nur motivierter, leistungsbereiter, leistungsfähiger und konfliktfähiger, sondern sie

---

[313] Vgl. Ulich, E. / Wiese, B. S. (2011), S. 224.
[314] Vgl. o. V. (2005) www.bmfsfj.de/..., S. 6.
[315] Vgl. Ulich, E. / Wiese, B. S. (2011), S. 218.
[316] Frey, D. / Kerschreiter, R. / Raabe, B. (2004), S. 312.
[317] Vgl. Frey, D. / Kerschreiter, R. / Raabe, B. (2004), S. 312.

wirken auf Mitarbeiter und Kollegen stressfreier, motivierend und leistungsför-
dernd.[318]

6 Fazit und Ausblick

Die vorliegende Arbeit hat gezeigt, dass die Funktionalität von Anreizsystemen im
öffentlichen Dienst nicht isoliert betrachtet werden kann, vielmehr haben die Rahmenbedingungen einen entscheidenden Einfluss auf die Wirkung von Anreiz- und
Motivationssystemen.

Leistungen von Beschäftigten lassen sich durch differenzierte materielle und immaterielle Anreize beeinflussen und tragen maßgeblich zu einer Leistungssteigerung der
Beschäftigten bei. Besonderer Beleuchtung bedarf es dabei der Führungsqualitäten
der Vorgesetzten, deren Aufgabe es ist, Potenziale zu erkennen, Partizipation zu
fördern und leistungsgerechte Vergütung vorzunehmen.

Grundsätzlich haben das heutige Personalmanagement und die Einführung des § 18
des TVöD einen großen Teil zum Umdenken der Organisations- und Führungskultur
hinsichtlich der Leistungsmotivation, Leistungsbeurteilung und Leistungsvergütung
beigetragen. Es ist unumstritten, dass die Optimierung der leistungsorientierten Bezahlung im öffentlichen Dienst noch lange nicht vollendet ist, jedoch zeigen die Im-
pulse der Arbeitgeber und Vorgesetzten in Form von Delegation von Verantwortun-
gen, das Anstreben von Zielvereinbarungskonzepten wie „Management by Objectives" oder die Schaffung von Qualitätszirkeln, dass sich der öffentliche Dienst in einem Wandel befindet.

Die Empfehlungen zur Optimierung der Mitarbeitermotivation im öffentlichen Dienst,
die in dieser Arbeit aufgezeigt wurden, machen deutlich, dass noch viel Potenzial für
Verbesserungsmöglichkeiten und Mitarbeiterzufriedenheit vorhanden ist.

Schließlich muss erreicht werden, dass sich die Beschäftigten voll und ganz mit ihrem Arbeitgeber identifizieren können. Zufriedene und leistungsfähige Mitarbeiter
müssen gebunden werden und ein verbessertes und positiveres Image wird dazu
beitragen, dass der öffentliche Dienst für hochqualifiziertes Personal ein attraktiver
Arbeitgeber ist und für potenzielle Beschäftigte sein wird.

---

[318] Vgl. Linneweh, K. / Hofmann, L. M. (2009), S. 79.

Literaturverzeichnis

Antoni, C. (2009):

Gruppenarbeitskonzepte, in: Rosenstiel, L. v. / Regnet, E. / Domsch, M. E. (Hrsg.), Führung von Mitarbeitern, Handbuch für erfolgreiches Personalmanagement, 6. Aufl., Stuttgart 2009, S. 336 - 343.

Bamberg, U. (1979):

Argumente zum Leistungsprinzip, in: Hoefert, H.-W. / Reichard, C. (Hrsg.), Leistungsprinzip und Leistungsverhalten im öffentlichen Dienst, Stuttgart 1979, S. 26 – 40.

Bardens, R. E. (2000):

Führen und Entlohnen mit Zielvereinbarungen, Bergisch-Gladbach 2000.

Becker, W. (1984):

Öffentlicher Dienst A-Z, Wichtige Begriffe des öffentlichen Dienstrechts in Stichworten, Stuttgart 1984.

Borkel, W. (1977):

Ziele suchen – setzen – durchsetzen, Führen durch Zielvereinbarungen, Köln 1977.

Brede, H. (1991):

Möglichkeiten und Grenzen finanzieller Leistungsanreize im Öffentlichen Dienst, in: Schanz, G. (Hrsg.), Handbuch Anreizsysteme, Stuttgart 1991, S. 1129 - 1145.

Brede, H. (2001):

Grundzüge der Öffentlichen Betriebswirtschaftslehre, München/Wien 2001.

Brunstein, J. C. (2010):

Implizite und explizite Motive, in: Heckhausen, J. / Heckhausen H. (Hrsg.), Motivation und Handeln, 4. Aufl., Berlin/Heidelberg 2010, S. 237 – 255.

Bundesministerium des Inneren (2011):

Der öffentliche Dienst des Bundes, Daten zur Personalstruktur 2011, http://www.bmi.bund.de/SharedDocs/Downloads/DE/Broschueren/2011/perso nalstruktur.pdf?__blob=publicationFile, 06.04.2012, 22.20.

Bundesministerium für Familie, Senioren, Frauen und Jugend (2005):

Work Life Balance, Motor für wirtschaftliches Wachstum und gesellschaftlicher Stabilität, Analyse der volkswirtschaftlichen Effekte – Zusammenfassung der Ergebnisse, http://www.bmfsfj.de/RedaktionBMFSFJ/Broschuerenstelle/Pdf-Anlagen/Work-Life-Balance,property=pdf,bereich=bmfsfj,sprache=de,rwb=true.pdf, 06.04.2012, 13.42.

Bundeszentrale für politische Bildung (2008):

Beschäftigte des öffentlichen Dienstes, http://www.bpb.de/wissen/68ET1Y,0,0,Besch%E4ftigte_des_%F6ffentlichen_ Dienstes.html, 06.04.2012, 22.25.

Clutterbuck, D. / Kernaghan, S. (1995):

Empowerment, So entfesseln Sie die Talente Ihrer Mitarbeiter, Landsberg/Lech 1995.

Comelli, G. / Rosenstiel, L. v. (2009):

Führung durch Motivation, Mitarbeiter für Unternehmensziele gewinnen, 4. Aufl., München 2009.

Dassau, A. / Wiesend-Rothbrust, E. (2008):

TVöD Krankenhäuser, Pflege- und Betreuungseinrichtungen, München 2008.

Deppe, J. (1991):

Anreizpotentiale von Qualitätszirkeln, in: Schanz, G. (Hrsg.), Handbuch Anreizsysteme, Stuttgart 1991, S. 637 – 684.

Dilcher, B. / Emminghaus, C. (2010a):

Leistung und Vergütung – Ein Thema, das niemand mag?, in: Dilcher, B. / Emminghaus, C. (Hrsg.), Leistungsorientierte Vergütung, Herausforderung für die Organisations- und Personalentwicklung, Umsetzung und Wirkung von Leistungsentgeltsystemen in der betrieblichen Praxis, Wiesbaden 2010, S. 1 - 35.

Dilcher, B. / Emminghaus, C. (2010b):

So lässt sich ein leistungsorientiertes Vergütungssystem erfolgreich führen, in: Dilcher, B. / Emminghaus, C. (Hrsg.), Leistungsorientierte Vergütung, Herausforderung für die Organisations- und Personalentwicklung, Umsetzung und Wirkung von Leistungsentgeltsystemen in der betrieblichen Praxis, Wiesbaden 2010, S. 183 – 197.

Dmuß, K. (2010):

Stadtverwaltung Wuppertal: Die Einführung des Leistungsentgelts nach § 18 Tarifvertrag öffentlicher Dienst (TVöD), in: Dilcher, B. / Emminghaus, C. (Hrsg.), Leistungsorientierte Vergütung, Herausforderung für die Organisations- und Personalentwicklung, Umsetzung und Wirkung von Leistungsentgeltsystemen in der betrieblichen Praxis, Wiesbaden 2010, S. 133 - 159.

Dorr, H.-J. / Flocken, P. (1992):

Wie setze ich Qualitätszirkel in der Praxis ein?, in: Bungard, W. / Wiendieck, G. / Zink, K. J. (Hrsg.), Qualitätszirkel im Umbruch, Experten nehmen Stellung, Ludwigshafen 1992, S. 97 – 117.

Dräger, C. (1991):

Personalführung, materielle Anreize und Arbeitsverhalten – ein Erfahrungsbericht, in: Schanz, G. (Hrsg.), Handbuch Anreizsysteme, Stuttgart 1991, S. 839 – 850.

- 47 -

Effertz, J. (2011):

TVöD Jahrbuch Bund 2011, Regensburg 2011.

Engel, P. O. E. (1992):

Qualitätszirkel in der Produktion, in: Bungard, W. (Hrsg.), Qualitätszirkel in der Arbeitswelt, Ziele, Erfahrungen, Probleme, Göttingen 1992, S. 119 – 136.

Evers, H. (2009):

Vergütungsmanagement, in: Rosenstiel, L. v. / Regnet, E. / Domsch, M. E. (Hrsg.), Führung von Mitarbeitern, Handbuch für erfolgreiches Personalmanagement, 6. Aufl., Stuttgart 2009, S. 519 - 528.

Fengler, J. / Sanz, A. (2011):

Ausgebrannte Teams Burnout-Prävention und Salutogenese, Stuttgart 2011.

Frey, D. / Kerschreiter, R. / Raabe, B. (2004):

Work Life Balance, Eine doppelte Herausforderung für Führungskräfte, in: Kastner, M. (Hrsg.), Die Zukunft des Work Life Balance, Wie lassen sich Beruf und Familie, Arbeit und Freizeit miteinander vereinbaren, Kröning 2004, S. 305 – 359.

Grätz, F. / Mennecke, K. (1979):

Handbuch der betrieblichen Zusatz- und Sozialleistungen, 2. Aufl., Wiesbaden 1979.

Grawert, A. (1998):

Individuelle und flexible Vergütung, Leistungsanreize in der öffentlichen Verwaltung, in: Wagner, D. (Hrsg.), Personal und Personalmanagement in der modernen Verwaltung, Berlin 1998, S. 107 – 117.

Heckhausen, J. / Heckhausen, H. (2010):

Einführung und Überblick, in: Heckhausen, J. / Heckhausen H. (Hrsg.), Motivation und Handeln, 4. Aufl., Berlin/Heidelberg 2010, S. 1 - 9.

Heinrichsohn, E. (1998):

Behördenleitung mit demokratisiertem Führungsstil, Reden zu besonderen Anlässen, München 1998.

Hentze, J. / Graf, A. (2005):

Personalwirtschaftslehre 2 Personalerhaltung und Leistungsstimulation, Personalfreistellung und Personalinformationswirtschaft, Göttingen 2005.

Hesper, H. (1991):

Anreizchancen in der Mitarbeiterführung – Gedanken zur Steigerung der Führungsleistung bei der MAN Roland Druckmaschinen AG, in: Schanz, G. (Hrsg.), Handbuch Anreizsysteme, Stuttgart 1991, S. 823 – 837.

Hippler, G. / Haas, H. / Franz, G. (1989):

Führung und Arbeitsmotivation in Kommunalverwaltungen, Gütersloh 1989.

Hoefert, H.-W. (1979):

Leistungsverhalten im öffentlichen Dienst aus motivationspsychologischer Sicht, in: Hoefert, H.-W. / Reichard, C. (Hrsg.), Leistungsprinzip und Leistungsverhalten im öffentlichen Dienst, Stuttgart 1979, S. 55 – 78.

Hoefert, H.-W. / Reichard, C. (1979):

Zielsetzung und Überblick, in: Hoefert, H.-W. / Reichard, C. (Hrsg.), Leistungsprinzip und Leistungsverhalten im öffentlichen Dienst, Stuttgart 1979, S. 9 - 13.

Hopp, H. / Göbel, A. (2008):

Management in der öffentlichen Verwaltung, Organisation und Personalarbeit in modernen Kommunalverwaltungen, 3. Aufl., Stuttgart 2008.

Hummel, T. R. / Wagner, D. / Zander, E. (1989):

Die Motivation der Arbeitnehmer durch betrieblich beeinflussbare Sozialleistungen, München/Mering 1989.

Jung, R. H. / Bruck, J. / Quarg, S. (2011):

Allgemeine Managementlehre, Lehrbuch für die angewandte Unternehmens- und Personalführung, 2. Aufl., Berlin 2011.

Kastner, M. (2004):

Work Life Balance als Zukunftsthema, in: Kastner, M. (Hrsg.), Die Zukunft des Work Life Balance, Wie lassen sich Beruf und Familie, Arbeit und Freizeit miteinander vereinbaren, Kröning 2004, S. 1 – 66.

Klages, H. (1989):

Führung und Arbeitsmotivation in Kommunalverwaltungen, Gütersloh 1989.

Klages, H. / Hippler, G. (1991):

Mitarbeitermotivation als Modernisierungsperspektive, Ergebnisse eines Forschungsprojektes über Führung und Arbeitsmotivation in der öffentlichen Verwaltung, Gütersloh 1991.

Koch, R. (1979):

Dienstrechtsreform und Leistungsbereitschaft: Zur Wirkungsweise eines leistungsbezogenen Anreiz- und Belohnungssystems, in: Hoefert, H.-W. / Reichard, C. (Hrsg.), Leistungsprinzip und Leistungsverhalten im öffentlichen Dienst, Stuttgart 1979, S. 200 – 218.

Koch, R. (1991):

Mitarbeiterführung in der öffentlichen Verwaltung, in: Schanz, G. (Hrsg.), Handbuch Anreizsysteme, Stuttgart 1991, S. 1167 - 1183.

Kriegesmann, B. (1993):

Innovationsorientierte Anreizsysteme: ein empirisch fundierter Beitrag zur Gestaltung und Umsetzung typenspezifischer Anreizstrukturen für innovative Mitarbeiter, Bochum 1993.

Kubin, E. (1967):

Arbeits- , Dienstposten, Leistungs- und Verhaltensbewertung in öffentlichen Verwaltungen, Stuttgart 1967.

Kuhl, J. / Scheffer, D. / Mikoleit, B. / Strahlau, A. (2010):

Persönlichkeit und Motivation im Unternehmen, Anwendung der PSI-Theorie in Personalauswahl und –entwicklung, Stuttgart 2010.

Kumar, B. N. (1991):

Kulturabhängigkeit von Anreizsystemen, in: Schanz, G. (Hrsg.), Handbuch Anreizsysteme, Stuttgart 1991, S. 127 - 148.

Langemeyer, H. (1999):

Das Cafeteria-Verfahren: Ein flexibles, individuelles Anreizsystem betrachtet aus entscheidungstheoretischer Sicht, München/Mering 1999.

Langer, A. (2007):

Strategiekonforme Anreizsysteme für Führungskräfte teilautonomer Einheiten in der industriellen Produktion, München 2007.

Laufer, H. (2007):

Grundlagen erfolgreicher Mitarbeiterführung Führungspersönlichkeit Führungsmethoden Führungsinstrumente, 3. Aufl., Offenbach 2007.

Lindert, K. (2001):

Anreizsysteme und Unternehmenssteuerung – Eine kritische Reflexion zur Funktion, Wirksamkeit und Effizienz von Anreizsystemen, München/Mering 2001.

Linneweh, K. / Hofmann, L. M. (2009):

Persönlichkeitsmanagement, in: Rosenstiel, L. v. / Regnet, E. / Domsch, M. E. (Hrsg.), Führung von Mitarbeitern, Handbuch für erfolgreiches Personalmanagement, 6. Aufl., Stuttgart 2009, S. 71 – 79.

Loffing, C. (2005):

Qualitätszirkel erfolgreich gestalten: So nutzen Sie die Kreativität ihrer Mitarbeiter, Stuttgart 2005.

Lümkemann, D. (2004):

Work Life Balance durch körperliche Aktivität, in: Kastner, M. (Hrsg.), Die Zukunft des Work Life Balance, Wie lassen sich Beruf und Familie, Arbeit und Freizeit miteinander vereinbaren, Kröning 2004, S. 195 – 219.

Marciniak, F. (1991):

Anreizeigenschaften von VW-Zirkeln, in: Schanz, G. (Hrsg.), Handbuch Anreizsysteme, Stuttgart 1991, S. 667 – 684.

Michalk, S. / Nieder, P. (2007):

Erfolgsfaktor Work-Life-Balance, Weinheim 2007.

Moderegger, H. A. (1999):

Betriebliche Sozialleistungen Erfolgs- und Leistungsorientierung als Strategie, Köln 1995.

Müller-Thurau, C. P. (1996):

Führen durch Empowerment, Erfolg und Leistung durch Selbstmotivation, Düsseldorf 1996.

Nagel, R. / Oswald, M. / Wimmer, R. (1999):

Das Mitarbeitergespräch als Führungsinstrument, Stuttgart 1999.

Nerdinger, F. W. (2009):

Formen der Beurteilung, in: Rosenstiel, L. v. / Regnet, E. / Domsch, M. E. (Hrsg.), Führung von Mitarbeitern, Handbuch für erfolgreiches Personalmanagement, 6. Aufl., Stuttgart 2009, S. 192 – 203.

Neuberger, O. (1974):

Theorie der Arbeitszufriedenheit, Stuttgart/Berlin/Köln/Mainz 1974.

Opaschowski, H. W. (1991):

Von der Geldkultur zur Zeitkultur. Neue Formen der Arbeitsmotivation für zukunftsorientiertes Management, in: Schanz, G. (Hrsg.), Handbuch Anreizsysteme, Stuttgart 1991, S. 35 - 51.

Overbeck, H. (2007):

Leistungsorientierte Vergütung stärkt Eigenverantwortung und Führungskompetenz, in: Matiaske, W. / Holtmann, D. (Hrsg.), Leistungsvergütung im öffentlichen Dienst, München/Mering 2007, S. 93 - 96.

o. V. (1996):

Leistungsprämien als Motivationsanreiz im öffentlichen Dienst, http://www.personalbeurteilung.de/praemie/praemienindex.htm, 03.04.2012, 17.55 Uhr.

o. V. (2012):

Das Infoportal für den öffentlichen Dienst, http://www.oeffentlichen-dienst.de/entgelttabelle.html#1, 04.04.2012, 14.42.

Plaschke, F. J. (2003):

Wertorientierte Management-Incentivesysteme auf Basis interner Wertkennzahlen, Wiesbaden 2003.

Regnet, E. (2009):

Der Weg in die Zukunft – Anforderungen an die Führungskraft, in: Rosenstiel, L. v. / Regnet, E. / Domsch, M. E. (Hrsg.), Führung von Mitarbeitern, Handbuch für erfolgreiches Personalmanagement, 6. Aufl., Stuttgart 2009, S. 36 – 50.

Reichard, C. (1979):

Ist ein neues Leistungsanreizsystem erforderlich?, in: Hoefert, H.-W. / Reichard, C. (Hrsg.), Leistungsprinzip und Leistungsverhalten im öffentlichen Dienst, Stuttgart 1979, S. 119 – 126.

Reichard, C. (1998):

Leistungsanreizkonzepte, in: Wagner, D. (Hrsg.), Personal und Personalmanagement in der modernen Verwaltung, Berlin 1998, S. 103 – 107.

Reichard, C. (2003):

Ansätze zur Steuerung des individuellen Leistungsverhaltens im öffentlichen Dienst: Stand und Perspektiven, in: Koch, R. / Conrad, P. (Hrsg.), New Public Service, Öffentlicher Dienst als Motor der Staats- und Verwaltungsmodernisierung, Wiesbaden 2003, S. 219 – 237.

Röber, M. (1991):

Auf der Suche nach betriebswirtschaftlich orientierten Anreizsystemen in neueren Konzepten zur Verwaltungsreform, in: Schanz, G. (Hrsg.), Handbuch Anreizsysteme, Stuttgart 1991, S. 1103 – 1128.

Rosenstiel, L. v. (1975):

Die motivationalen Grundlagen des Verhaltens in Organisationen, Leistung und Zufriedenheit, Bd. 2, Berlin 1975.

Rosenstiel, L. v. (2009a):

Motivation von Mitarbeitern, in: Rosenstiel, L. v. / Regnet, E. / Domsch, M. E. (Hrsg.), Führung von Mitarbeitern, Handbuch für erfolgreiches Personalmanagement, 6. Aufl., Stuttgart 2009, S. 158 – 177.

Rosenstiel, L. v. (2009b):

Anerkennung und Kritik als Führungsmittel, in: Rosenstiel, L. v. / Regnet, E. / Domsch, M. E. (Hrsg.), Führung von Mitarbeitern, Handbuch für erfolgreiches Personalmanagement, 6. Aufl., Stuttgart 2009, S. 227 - 236.

Rosenstiel, L. v. (2010):

Motivation im Betrieb, 11. Aufl., Leonberg 2010.

Ruiter, W. d. / Koch, T. (1991):

Leistungsförderung im Vertrieb durch Incentives, in: Schanz, G. (Hrsg.), Handbuch Anreizsysteme, Stuttgart 1991, S. 1025 - 1036.

Schanz, G. (1991):

Motivationale Grundlagen der Gestaltung von Anreizsystemen, in: Schanz, G. (Hrsg.), Handbuch Anreizsysteme, Stuttgart 1991, S. 3 – 30.

Schlag, B. (2009):

Lern- und Leistungsmotivation, 3. Aufl., Wiesbaden 2009.

Scheffer, D. / Heckhausen, H. (2010):

Eigenschaftstheorie der Motivation, in: Heckhausen, J. / Heckhausen, H. (Hrsg.), Motivation und Handeln, 4. Aufl., Berlin/Heidelberg 2010, S. 43 – 72.

Scheffer, D. / Kuhl, J. (2006):

Erfolgreich motivieren, Mitarbeiterpersönlichkeit und Motivationstechniken, Göttingen 2006.

Schultz, F. / Selzner, J. / Wachsmuth, R. (1992):

Organisationspsychologie und Interessenvertretung – Wege zur Weiterentwicklung des Qualitätszirkel-Konzeptes, in: Bungard, W. (Hrsg.), Qualitätszirkel in der Arbeitswelt, Ziele, Erfahrungen, Probleme, Göttingen 1992, S. 89 – 106.

Siedentopf, H. (2003):

Stand und Entwicklungsperspektiven einer Flexibilisierung von Beschäftigungsverhältnissen, in: Koch, R. / Conrad, P. (Hrsg.), New Public Service, Öffentlicher Dienst als Motor der Staats- und Verwaltungsmodernisierung, Wiesbaden 2003, S. 79 - 91.

Sprenger, R. K. (1992):

Mythos Motivation, Wege aus einer Sackgasse, 2. Aufl., Frankfurt a. Main/New York 1992.

Steinle, C. (1991):

Anreizaspekte der Mitarbeiterführung, in: Schanz, G. (Hrsg.), Handbuch Anreizsysteme, Stuttgart 1991, S. 795 – 821.

Stroebe, A. I. / Stroebe, R. W. (2010):

Motivation durch Zielvereinbarungen, Engagement in der Arbeit – Erfolg in der Umsetzung, Hamburg 2010.

Thiehoff, R. (2004):

Work Life Balance mit Balance Scorecard: Die wirtschaftliche Sicht der Prävention, in: Kastner, M. (Hrsg.), Die Zukunft des Work Life Balance, Wie lassen sich Beruf und Familie, Arbeit und Freizeit miteinander vereinbaren, Kröning 2004, S. 409 – 436.

Thöne, B. P. (2007):

Entgelt nach Leistung, Dresden 2007.

Tondorf, K. (1997):

Leistung und Entgelt im öffentlichen Dienst, Rechtliche Grundlagen und Handlungsmöglichkeiten, Köln 1997.

Tondorf, K. (2007a):

Monetäre Leistungsanreize im öffentlichen Sektor, in: Matiaske, W. / Holtmann, D. (Hrsg.), Leistungsvergütung im öffentlichen Dienst, München/Mering 2007, S. 25 – 40.

Tondorf, K. (2007b):

Tarifliche Leistungsentgelte – Chance oder Bürde?, Berlin 2007.

Touppen, H. (1979):

Das Leistungsprinzip aus gewerkschaftlicher Sicht, in: Hoefert, H.-W. / Reichard, C. (Hrsg.), Leistungsprinzip und Leistungsverhalten im öffentlichen Dienst, Stuttgart 1979, S. 41 – 50.

Trittel, N. / Schmidt, W. / Müller, A. / Meyer, T. (2010):

Leistungsentgelt in Kommunen, Typologie und Analyse von Dienst- und Betriebsvereinbarungen, Berlin 2010.

Ulich, E. / Wiese, B. S. (2011):

Life Domain Balance, Konzepte zur Verbesserung der Lebensqualität, Wiesbaden 2011.

Wächter, H. (1991):

Tendenzen der betrieblichen Lohnpolitik in motivationstheoretischer Sicht, in: Schanz, G. (Hrsg.), Handbuch Anreizsysteme, Stuttgart 1991, S. 197 - 214.

Wagner, D. (1991):

Anreizpotentiale und Gestaltungsmöglichkeiten von Cafeteria-Modellen, in: Schanz, G. (Hrsg.), Handbuch Anreizsysteme, Stuttgart 1991, S. 91 - 109.

Wunderer, R. (2009):

Führung und Zusammenarbeit, Eine unternehmerische Führungslehre, 8. Aufl., Köln 2009.

Zink, K. J. / Ritter, A. / Machauer-Bundschu, S. (1993):

Arbeits- und Organisationsgestaltung durch Qualitätszirkel, Praxisbeispiele einer erfolgreichen Verknüpfung von Wirtschaftlichkeit und Humanisierung der Arbeit, Bonn 1993.

Anhang

Abbildung Anhang A1:

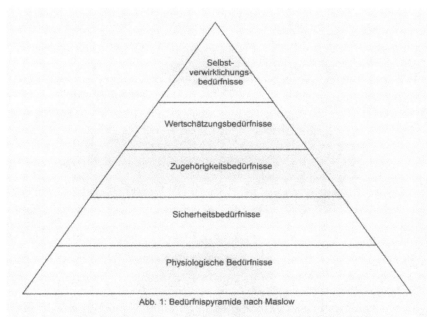

Abb. 1: Bedürfnispyramide nach Maslow

Quelle: Eigene Darstellung in Anlehnung an Hopp, H. / Göbel, A. (2008), S. 296.

Abbildung Anhang A2:

Entgeltgruppe	Stufe 1	Stufe 2	Stufe 3	Stufe 4	Stufe 5	Stufe 6
15Ü	4.803,75	5.332,01	5.833,33	6.162,15	6.243,01	-
15	3.817,29	4.232,36	4.288,68	4.943,91	5.364,37	-
14	3.456,14	3.833,46	4.054,47	4.388,68	4.900,78	-
13	3.186,61	3.536,99	3.725,66	4.092,21	4.598,91	-
12	2.857,79	3.170,43	3.612,45	4.000,57	4.501,88	-
11	2.760,76	3.057,24	3.278,24	3.612,45	4.097,60	-
10	2.658,34	2.949,43	3.170,43	3.391,45	3.811,91	-
9	2.351,08	2.604,42	2.733,81	3.089,58	3.369,89	-
8	2.200,15	2.437,33	2.545,13	2.647,56	2.760,76	2.830,84
7	2.059,99	2.281,00	2.426,55	2.534,36	2.620,61	2.696,06
6	2.022,26	2.237,88	2.345,69	2.453,50	2.523,58	2.599,04
5	1.936,01	2.140,85	2.248,67	2.351,08	2.431,94	2.485,84
4	1.838,98	2.038,44	2.173,19	2.248,67	2.324,13	2.372,64
3	1.812,03	2.006,09	2.059,99	2.146,24	2.216,32	2.275,61
2Ü	1.731,17	1.914,45	1.984,53	2.070,78	2.130,08	2.178,58
2	1.671,88	1.849,76	1.903,67	1.957,57	2.081,56	2.210,93
1	-	1.488,60	1.515,55	1.547,89	1.580,24	1.661,10

Abb. 2: Entgelttabelle TVöD (Länder) 01.01.2012

Quelle: Eigene Darstellung in Anlehnung an o. V. (2012), www.oeffentliche-dienst.de/...

Abbildung Anhang A3:

Welche Ziele?	Welcher Zielwert?	Welche Gewichtung?	Welche Maßnahmen?	Welche Zeitvorgabe?	Wer soll es tun?	Welche kritischen Erfolgsfaktoren?
Ziele werden pro Ebene immer in Abhängigkeit von den strategischen Vorhaben definiert	Ermittlung des Ist-Wertes und Festlegung der Indikatoren zur Messung der Zielerreichung (Zielwert)	Gewichtung des Ziels hinsichtlich seiner Bedeutung für den Bereich aber immer bezogen auf die strategische Vorgabe	Festlegung der konkreten Umsetzungsschritte zur Zielerreichung	Ziele werden immer für einen bestimmten Zeitraum vereinbart.	Ziele können für das gesamte Team und/oder für einzelne Teammitglieder festgelegt werden	Bereits bei der Zielvereinbarung müssen mögliche Störgrößen, Ressourcen und sonstige Rahmenbedingungen mit aufgenommen werden

Abb. 3: Gestaltungsmerkmale von Zielvereinbarungen

Quelle: Eigene Darstellung in Anlehnung an Dilcher, B. / Emminghaus, C. (2010a), S. 21.

Lightning Source UK Ltd.
Milton Keynes UK
UKHW010837030619
343780UK00002B/723/P